LIBRO DI ATTIVITÀ PER DINOSAURI

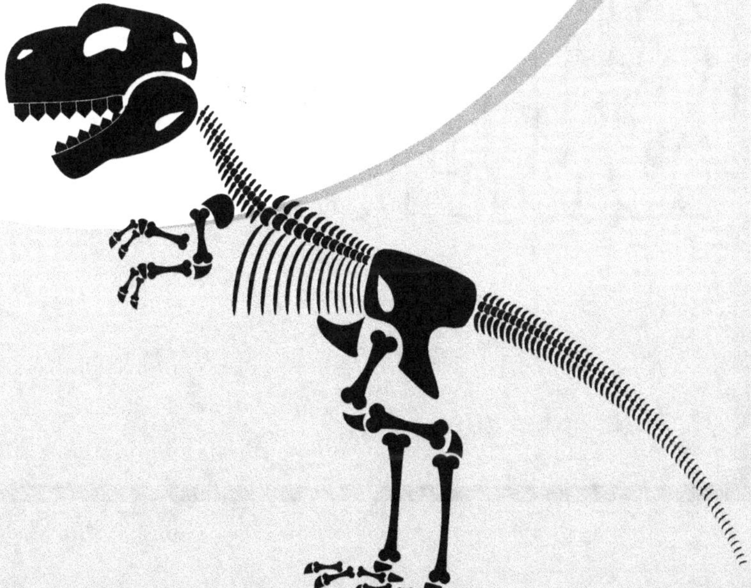

STEGOSAURUS

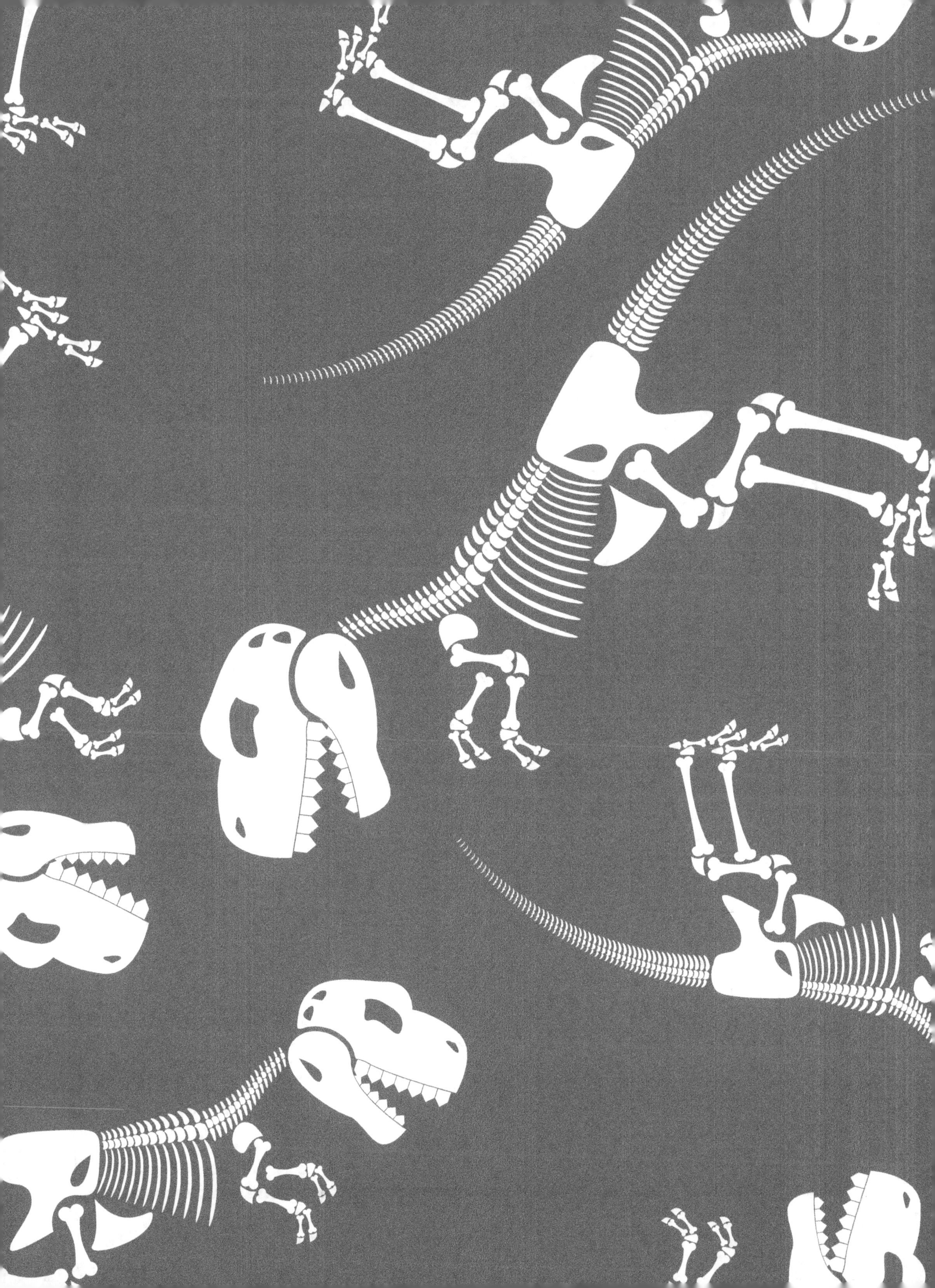

TRICERATOPS

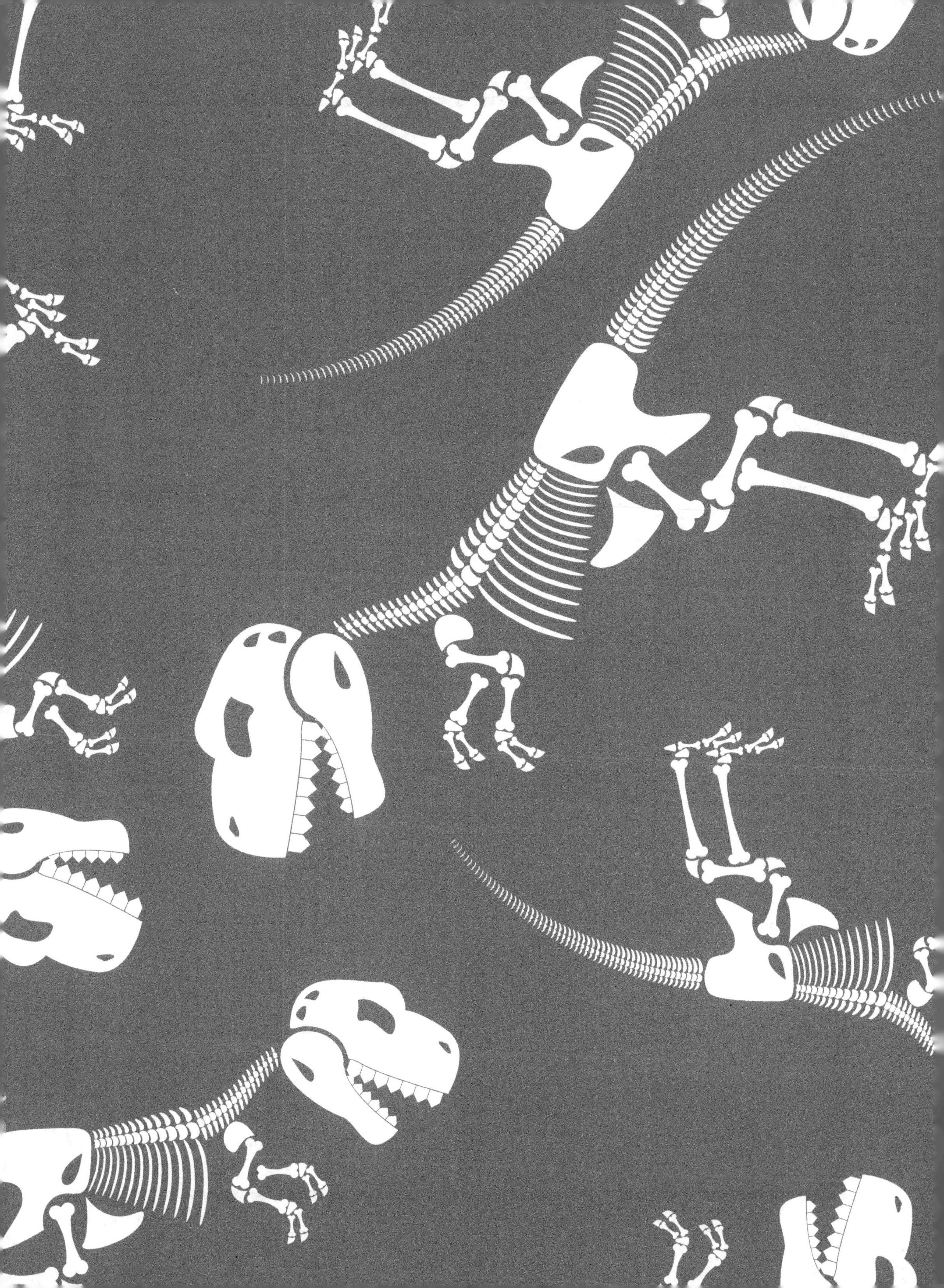

CARNOTAURUS

STYRACOSAURUS

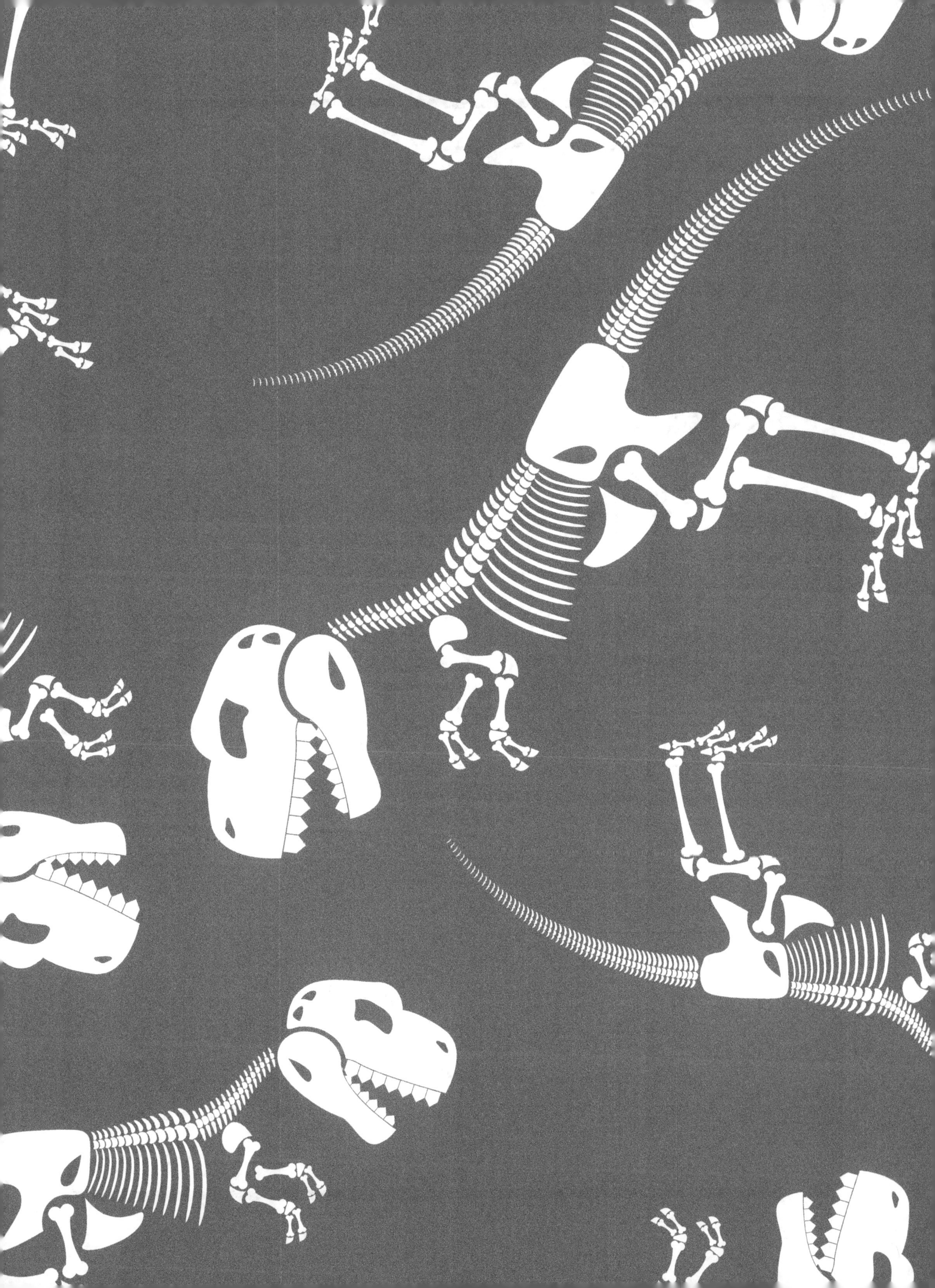

VELOCIRAPTOR

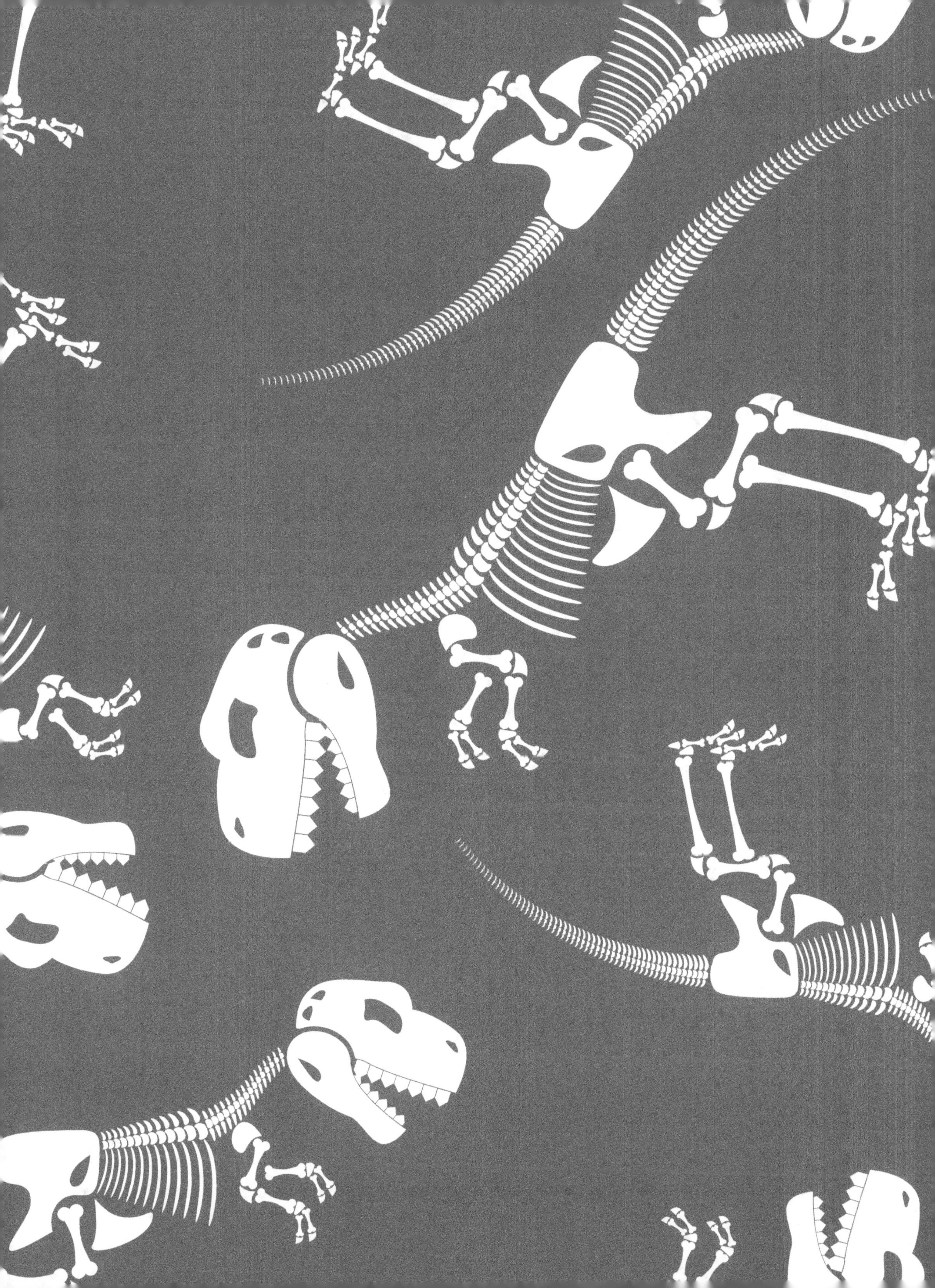

DILOPHOSAURUS

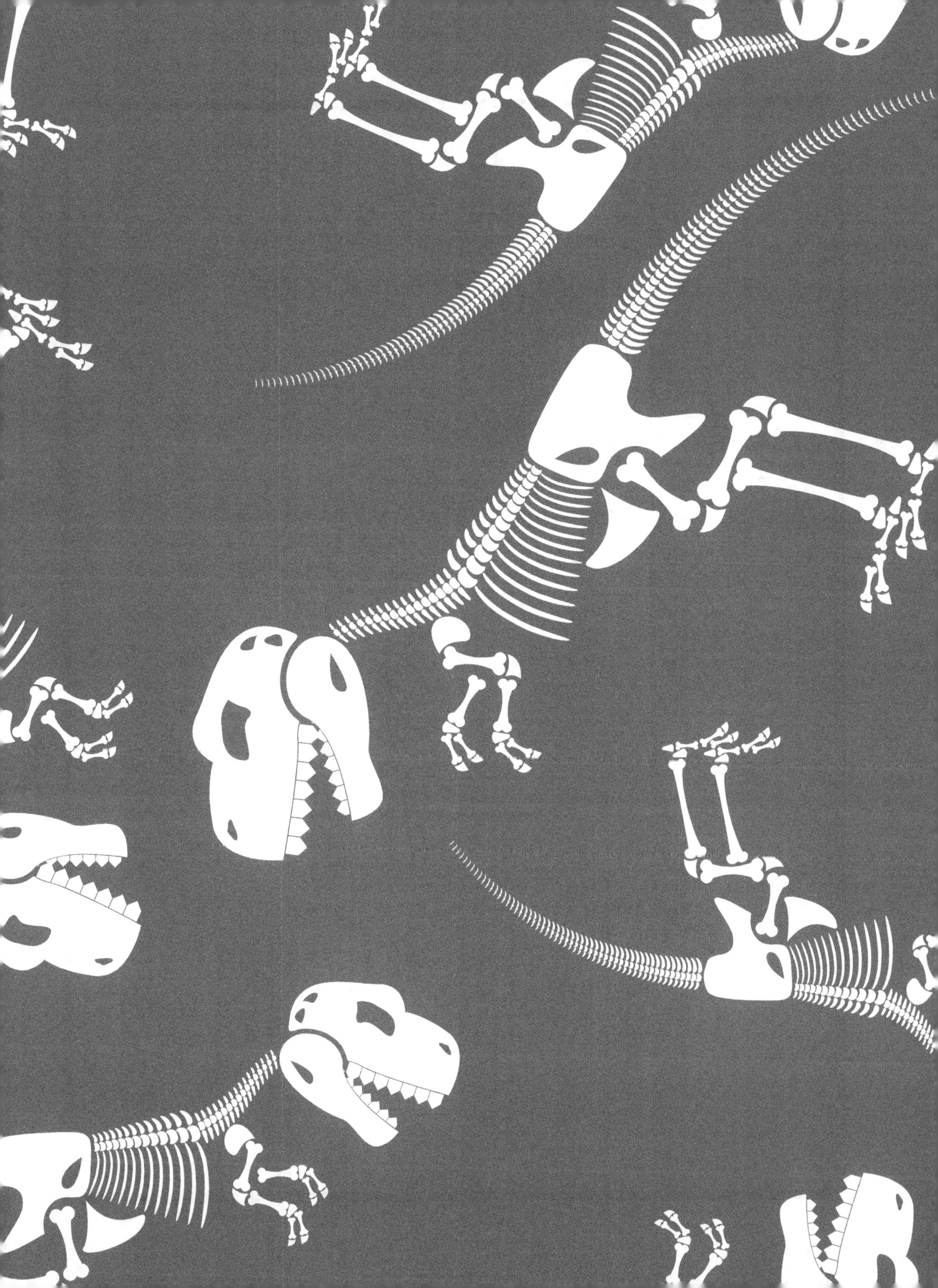

PTERODACTYL

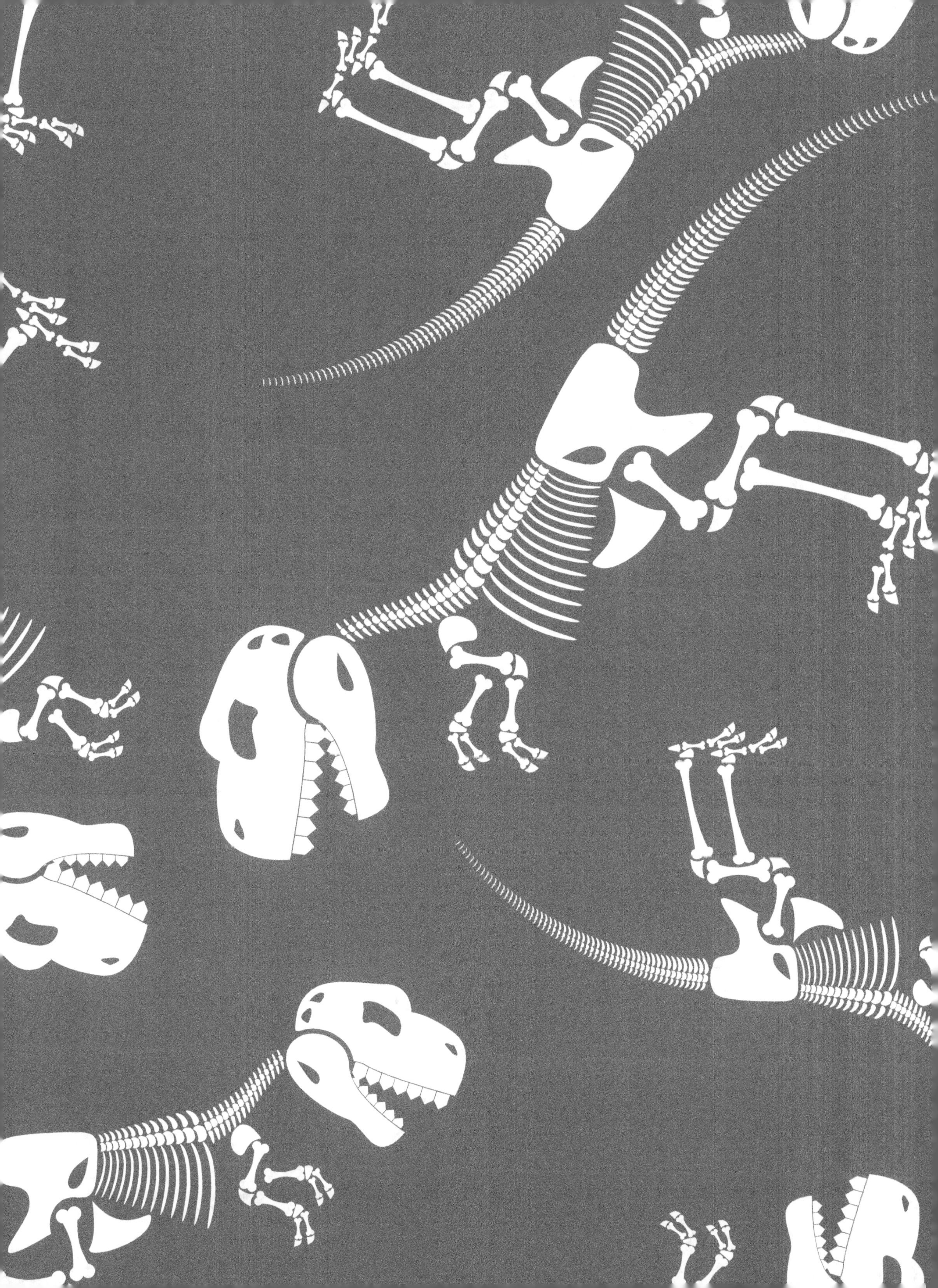

GALLIMIMUS

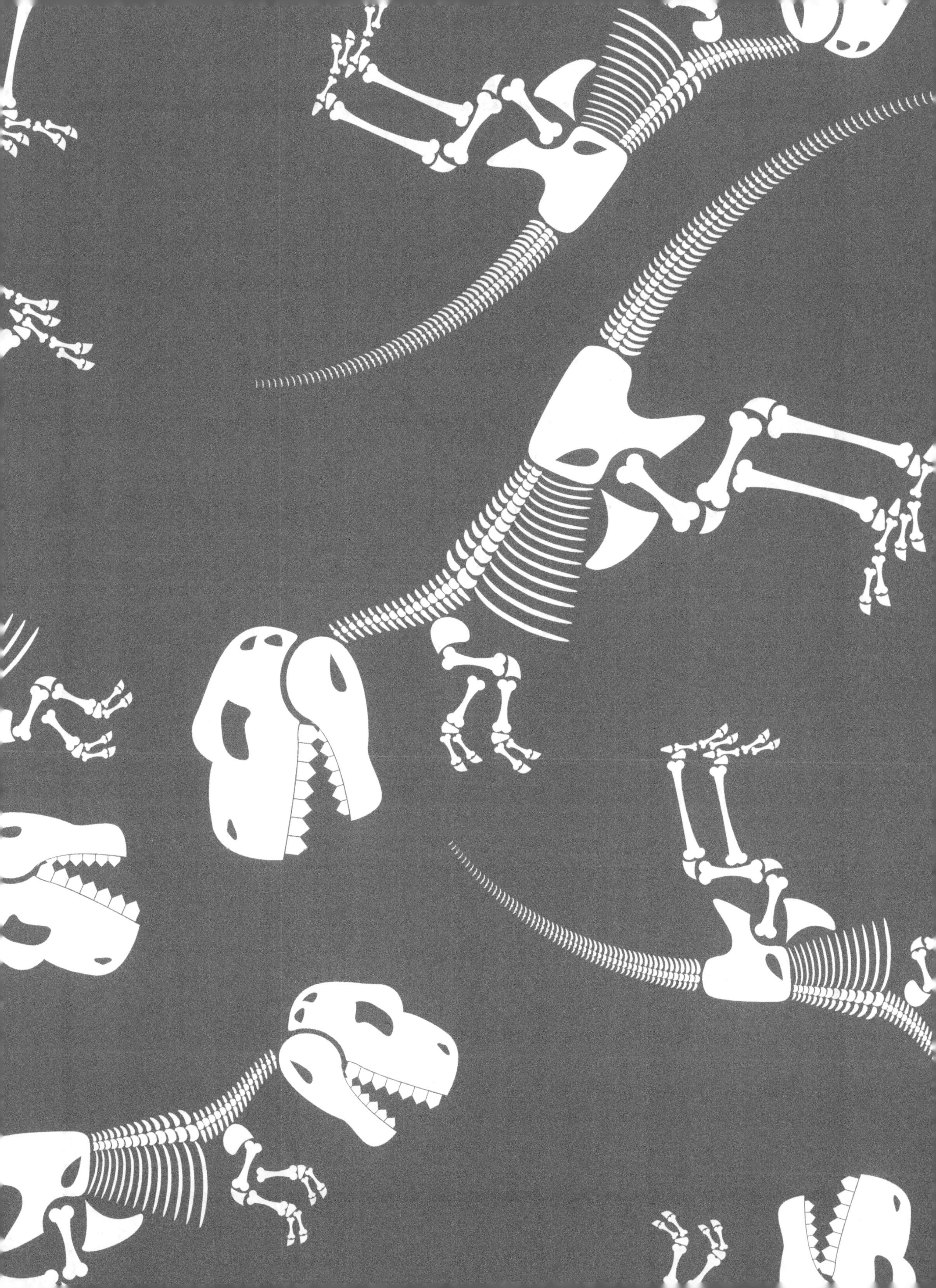

IGUANODON

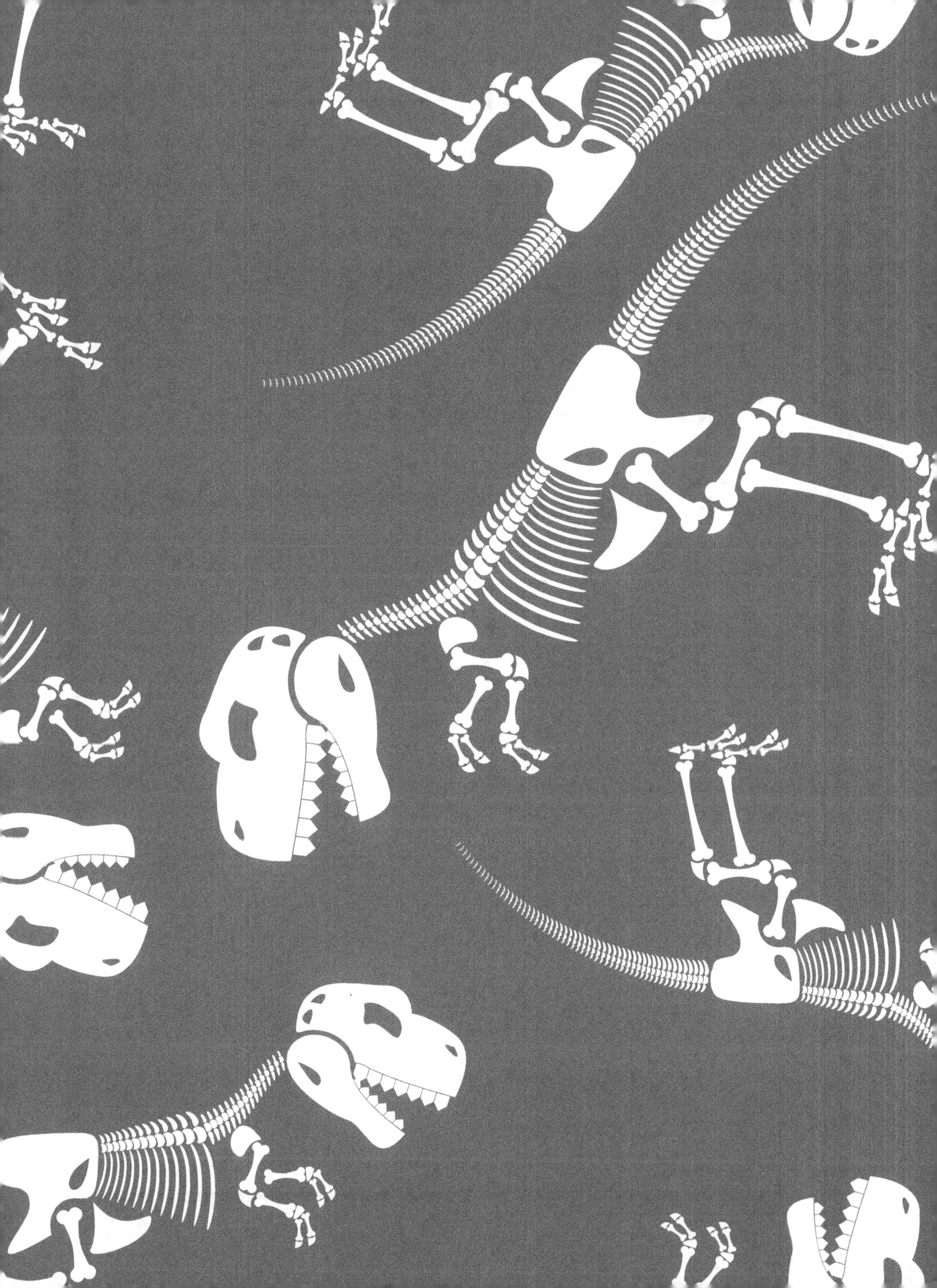

PACHYCEPHALOSAURUS

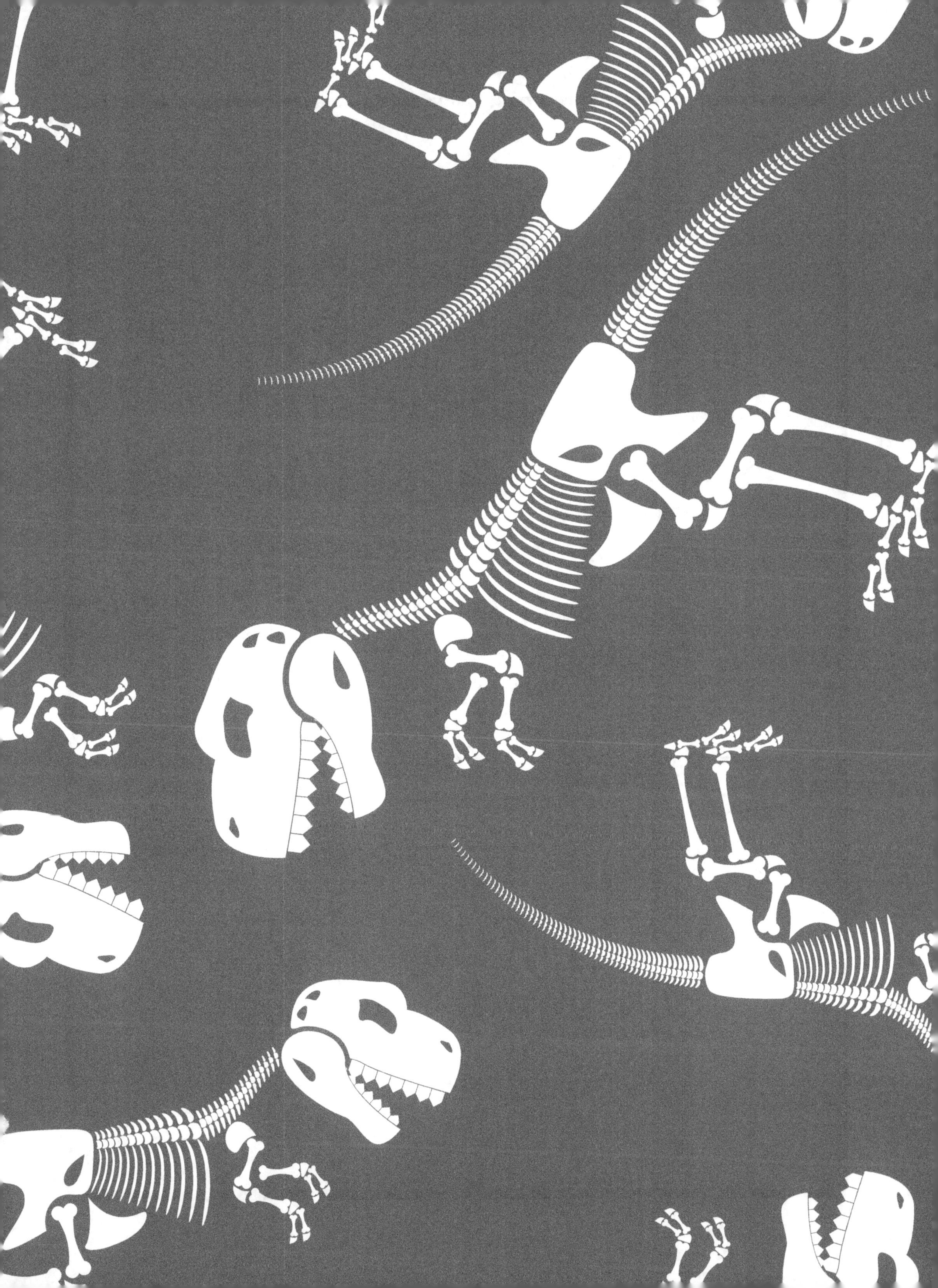

BARYONYX

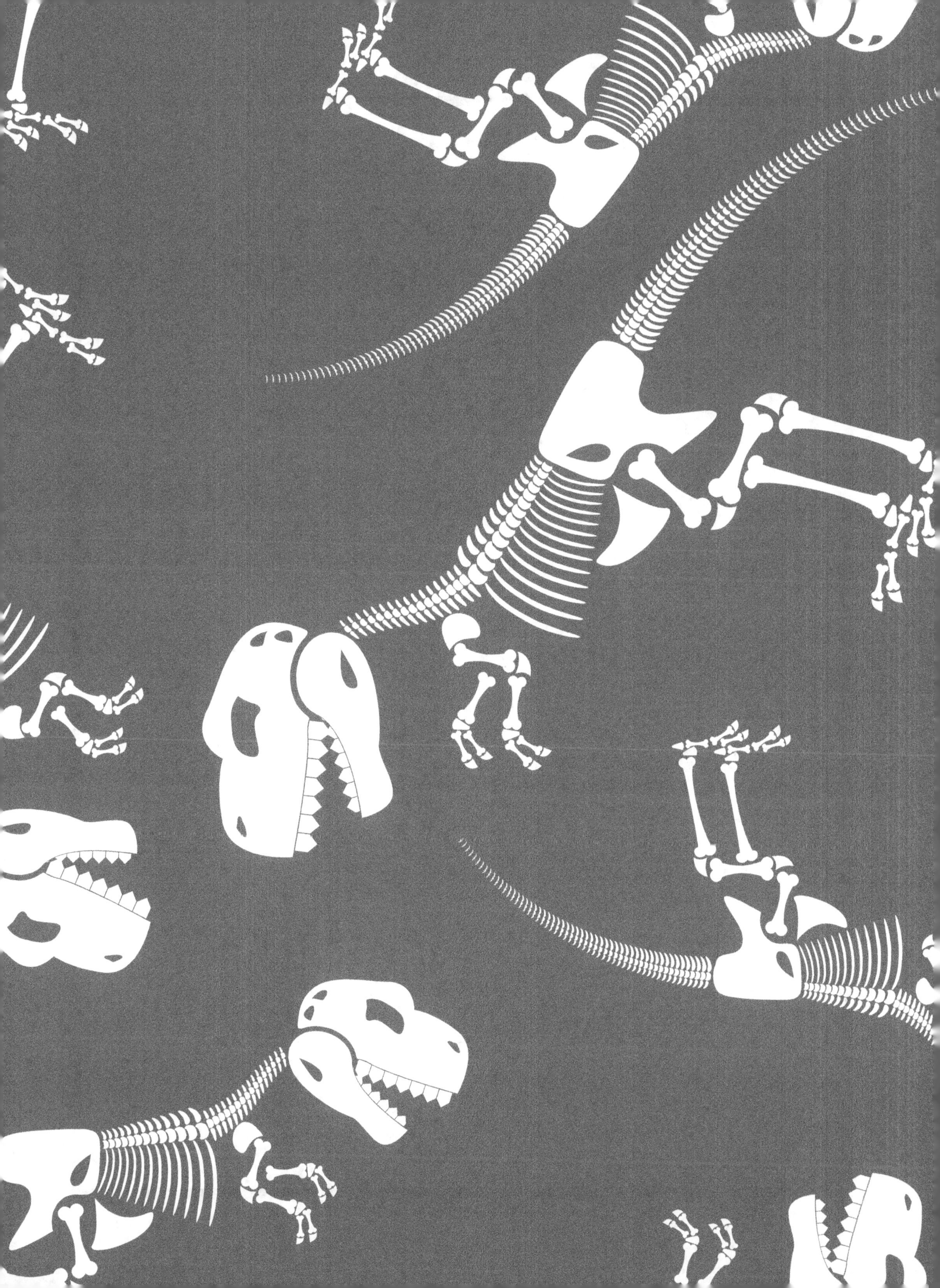

CERATOSAURUS

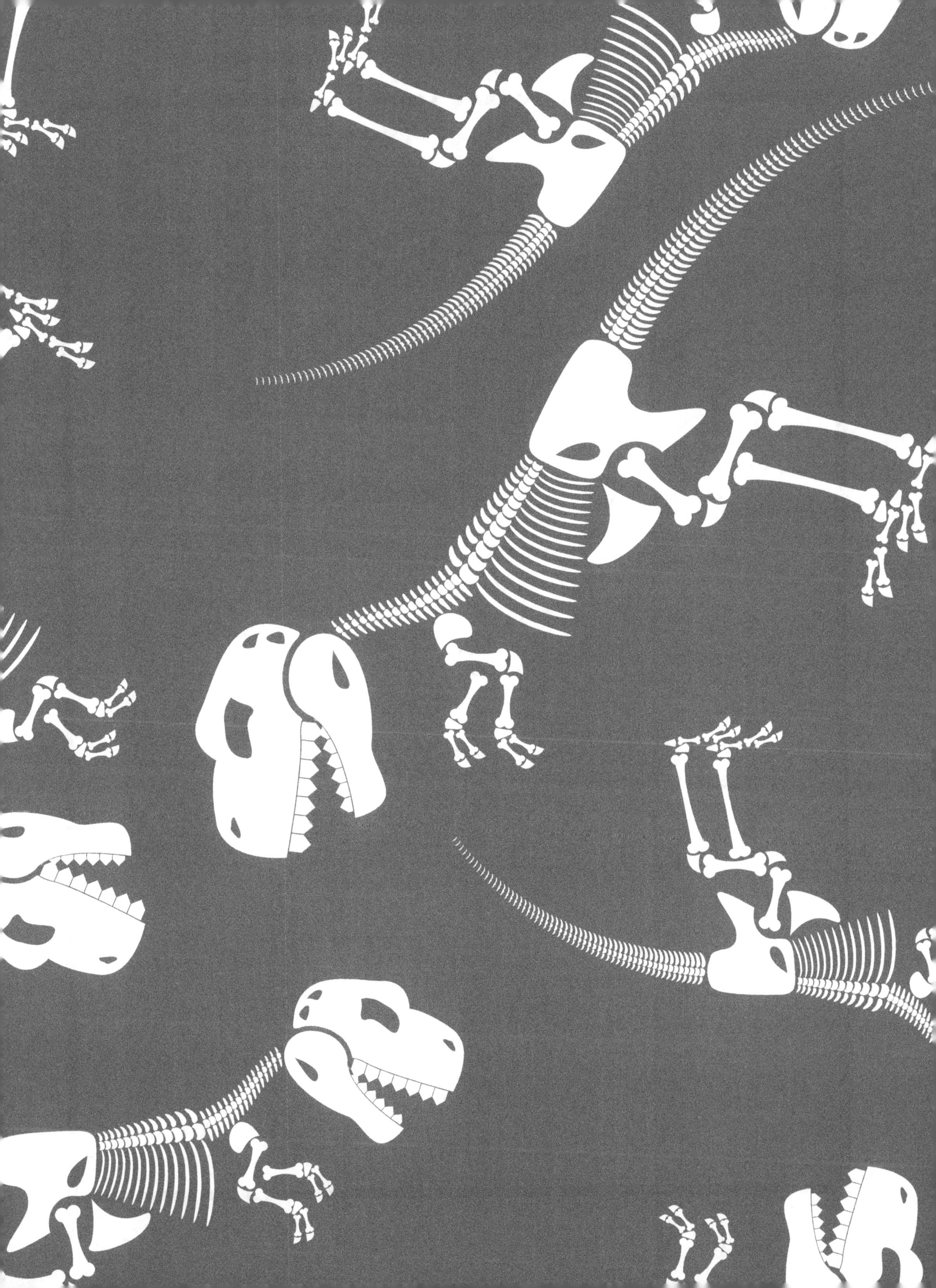

ALLOSAURUS

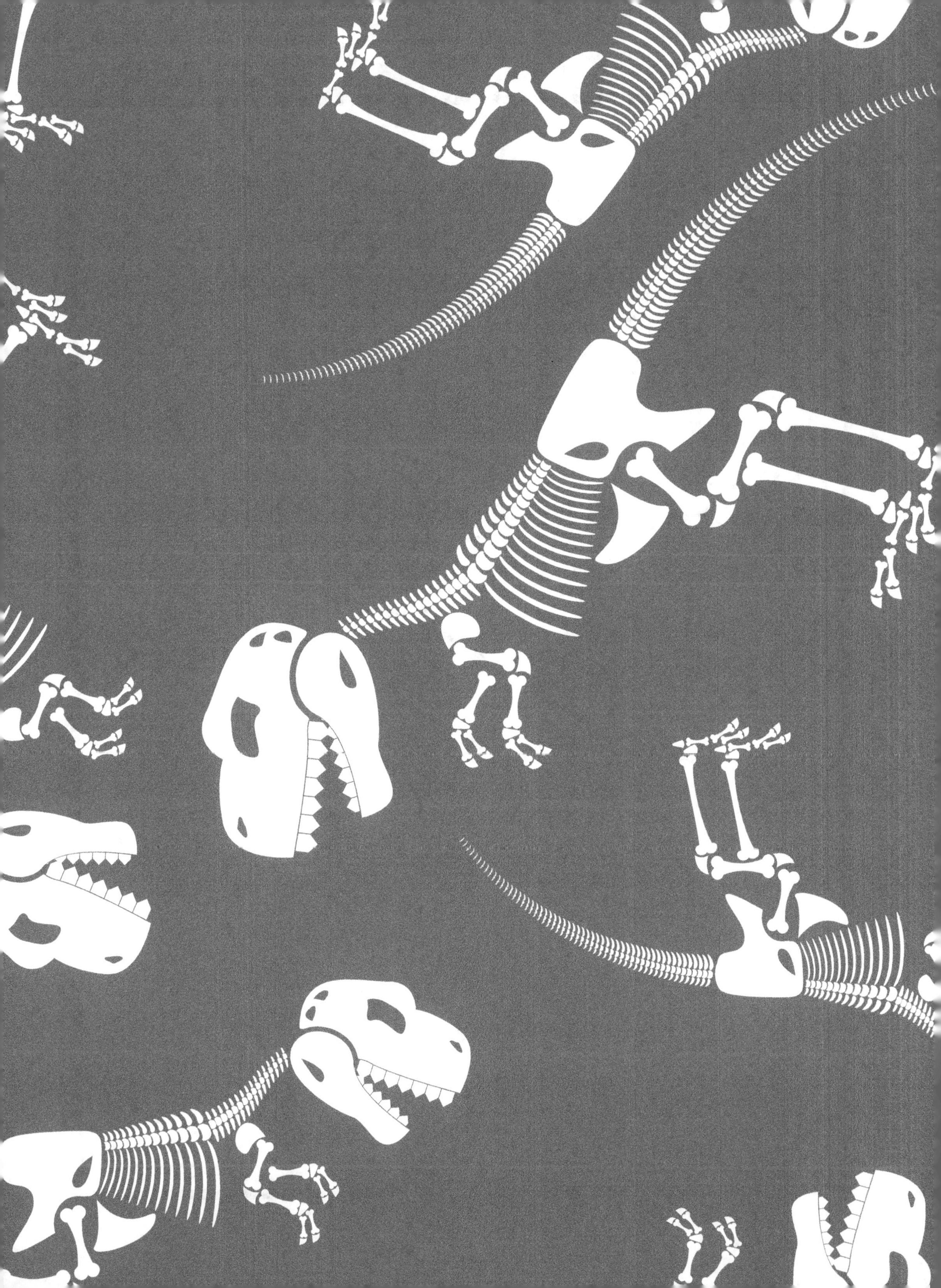

SPINOSAURUS

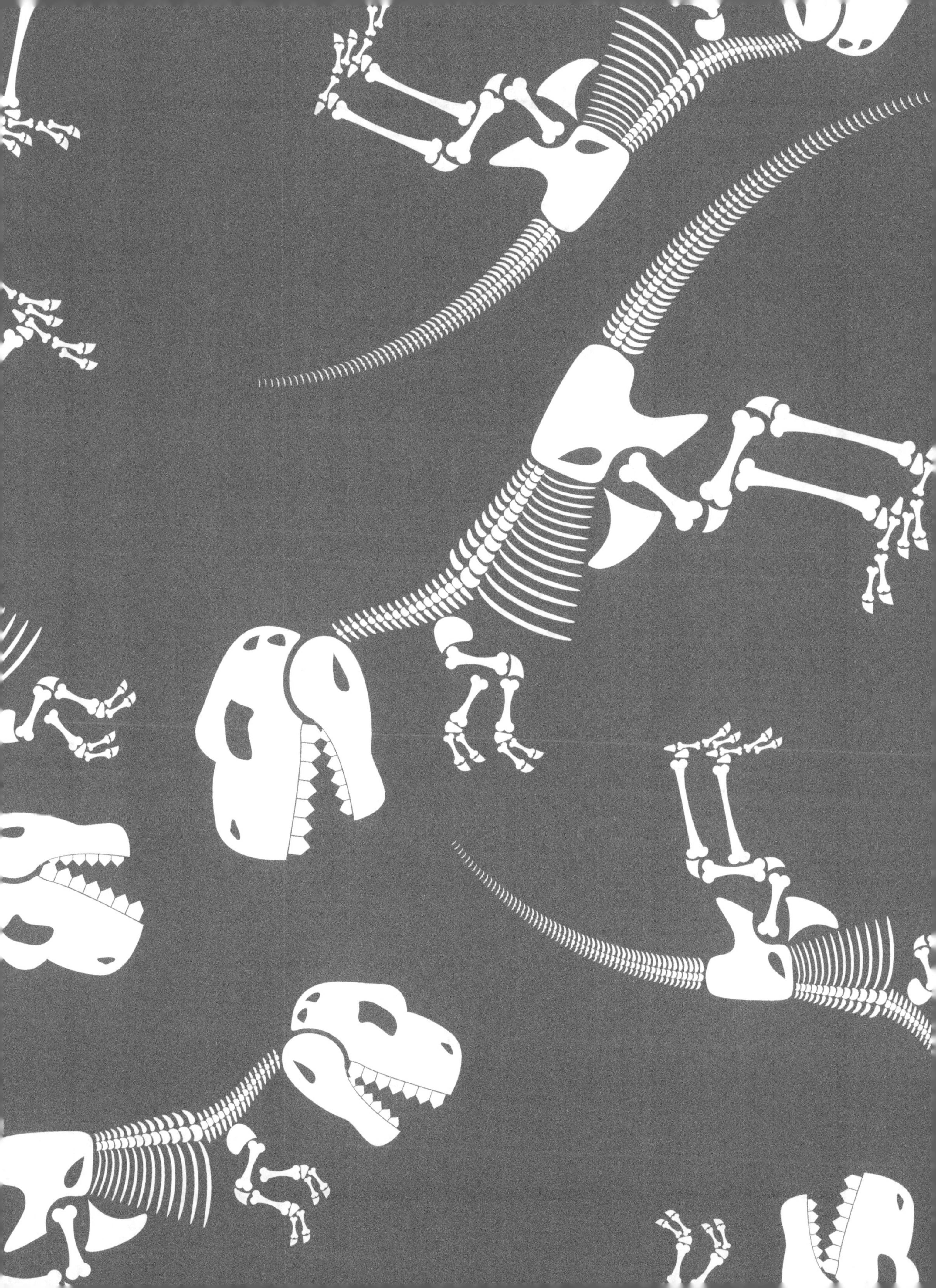

TYRANNOSAURUS

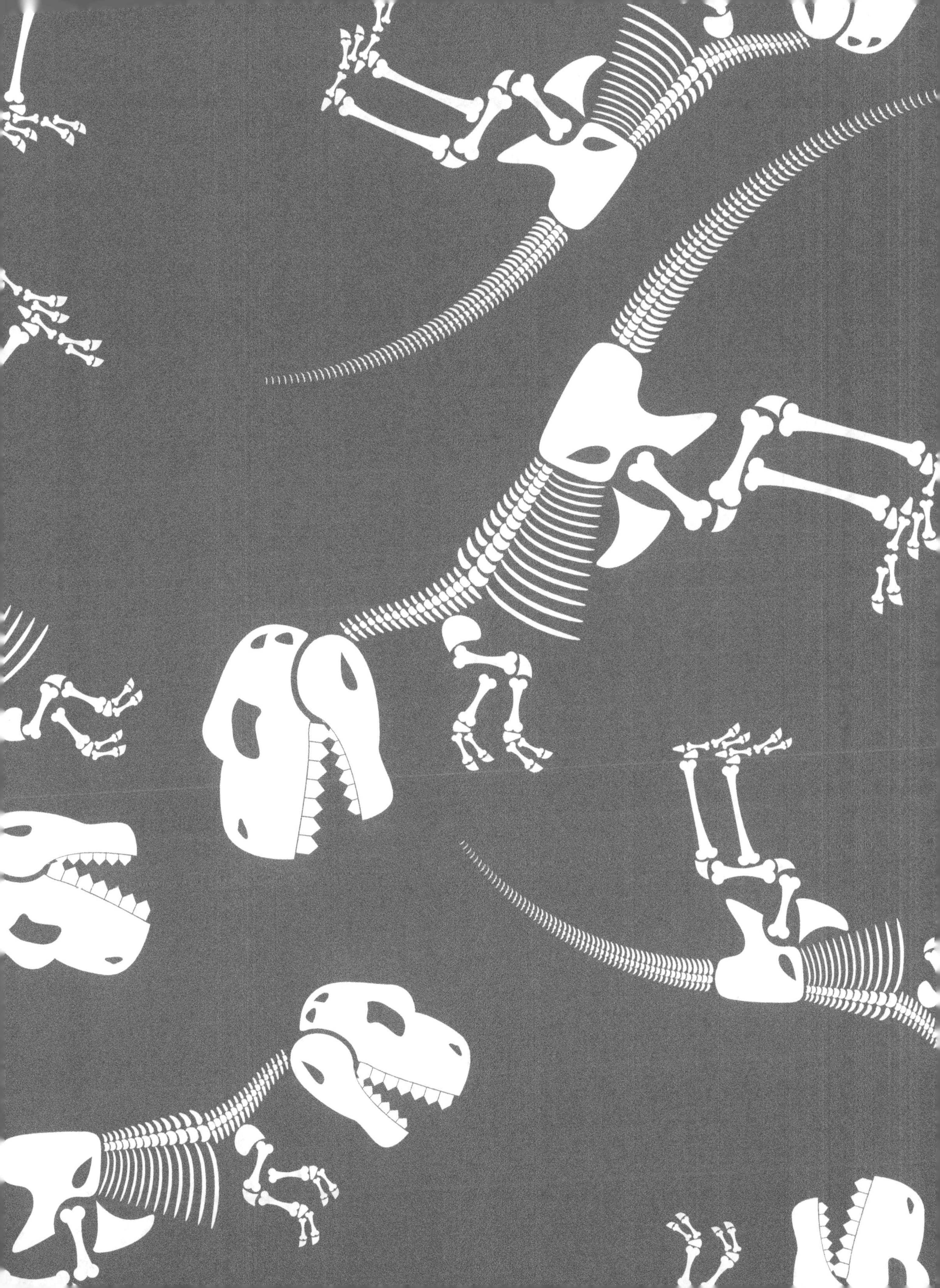

CARCHARODONTOSAURUS

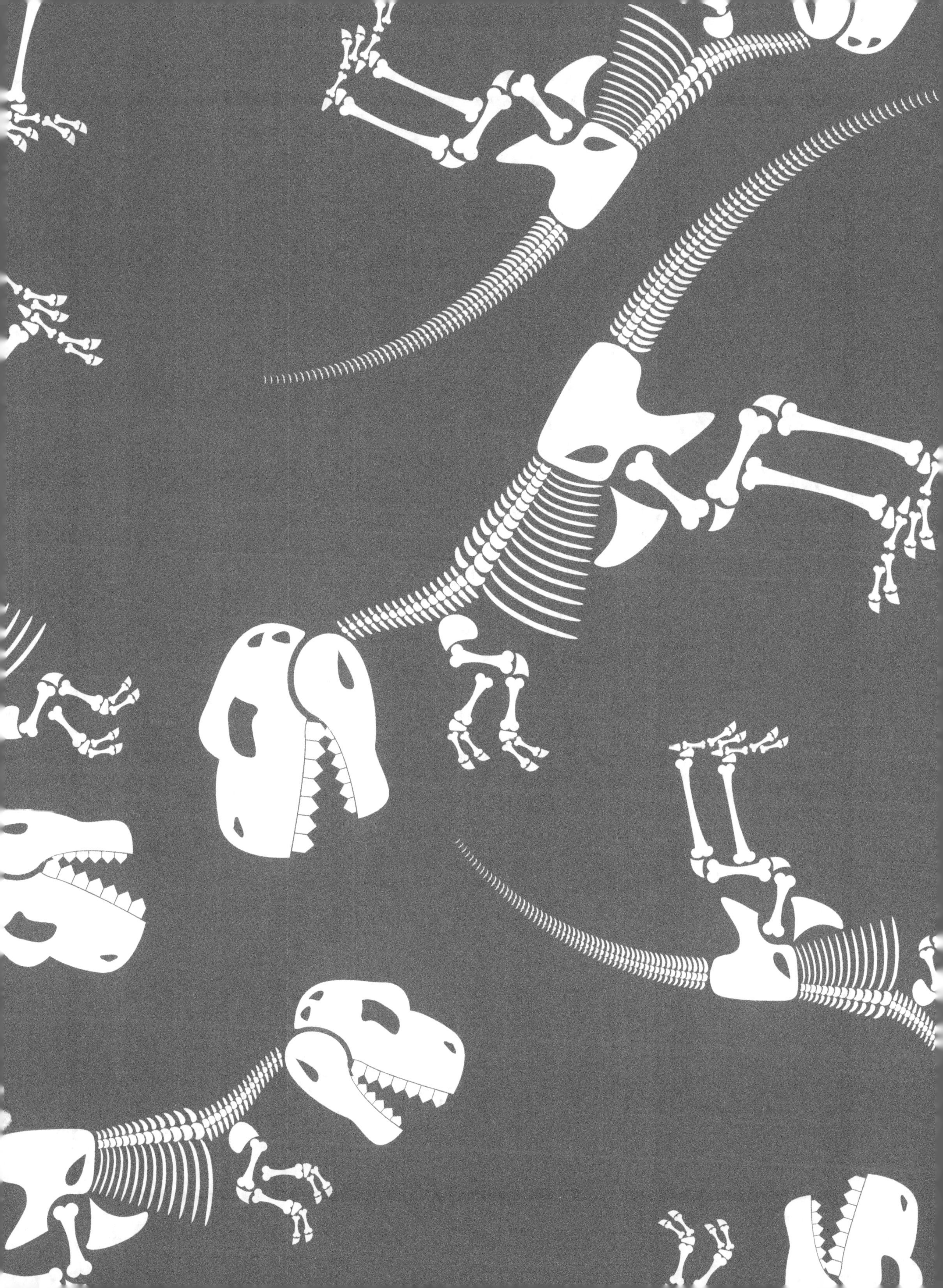

DIMETRODON

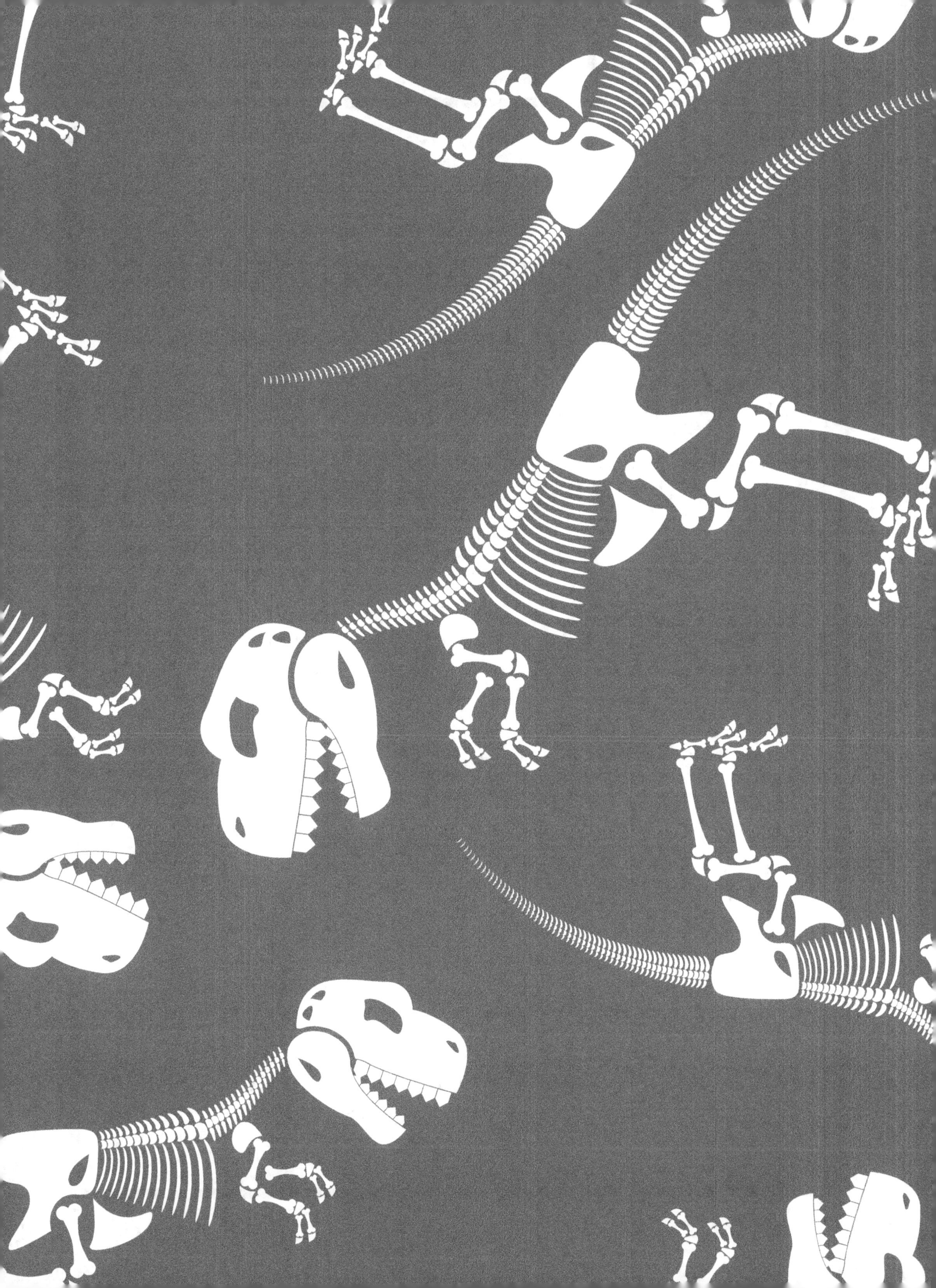

PLESIOSAURUS

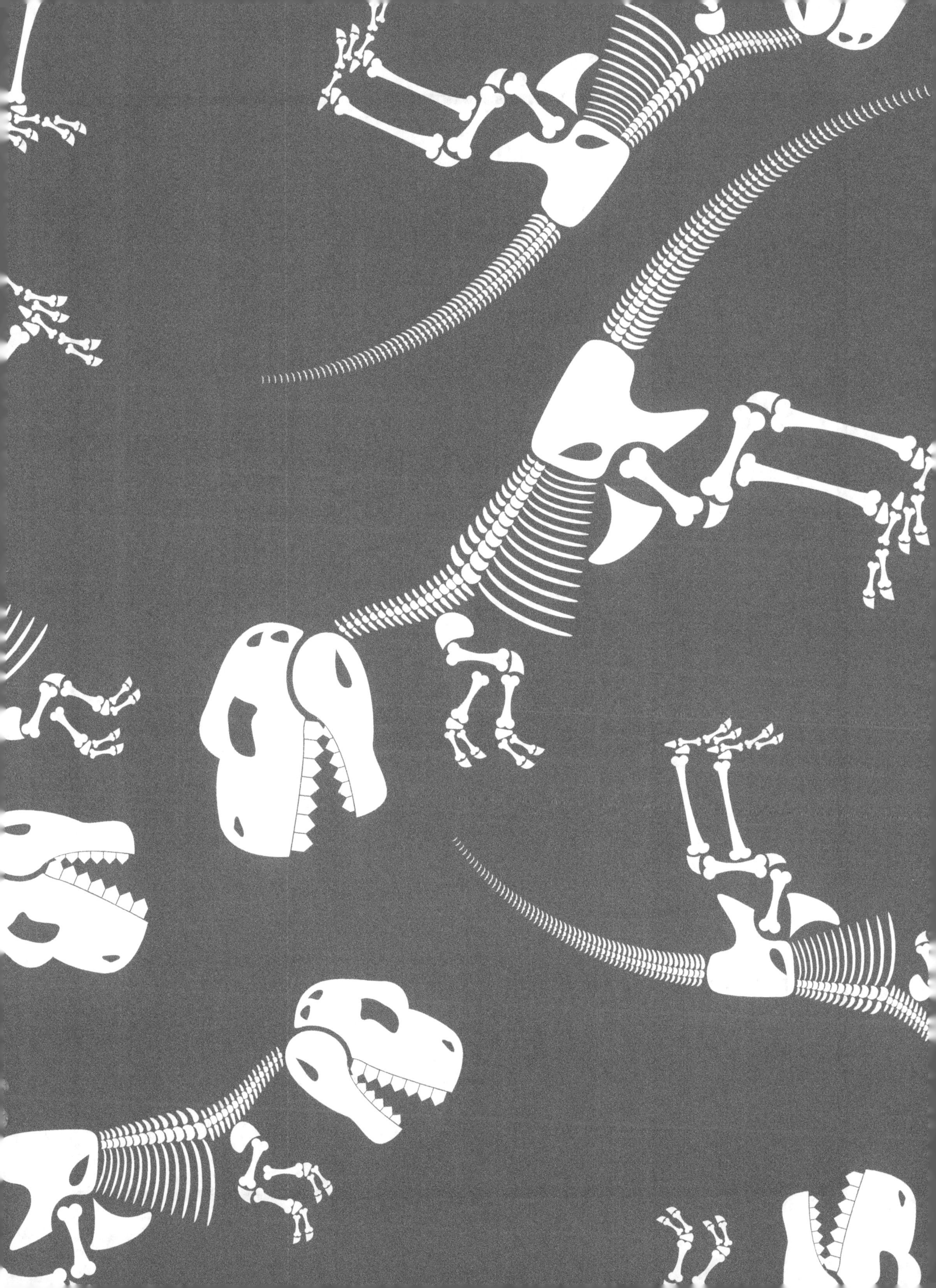

PROTOCERATOPS

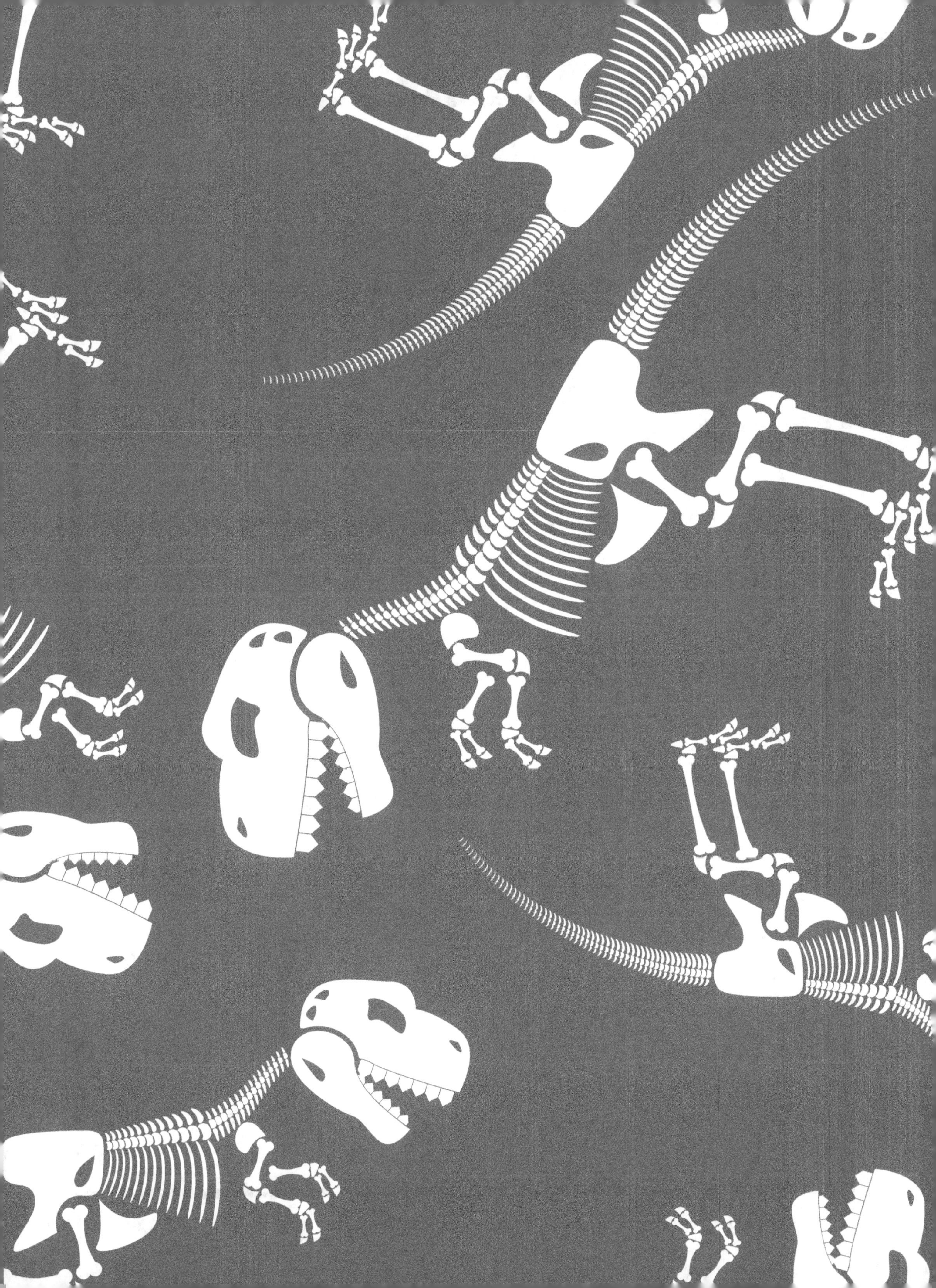

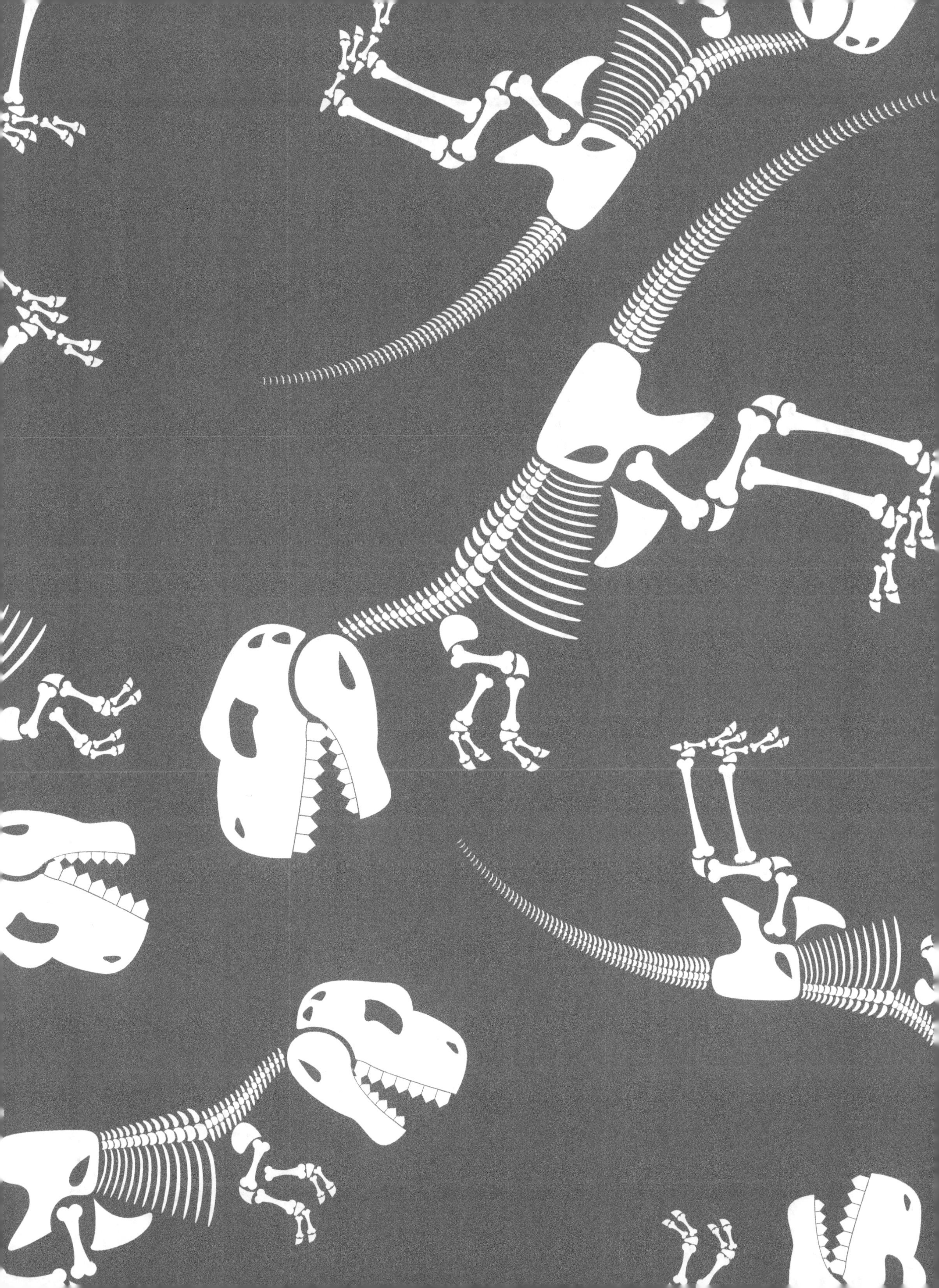

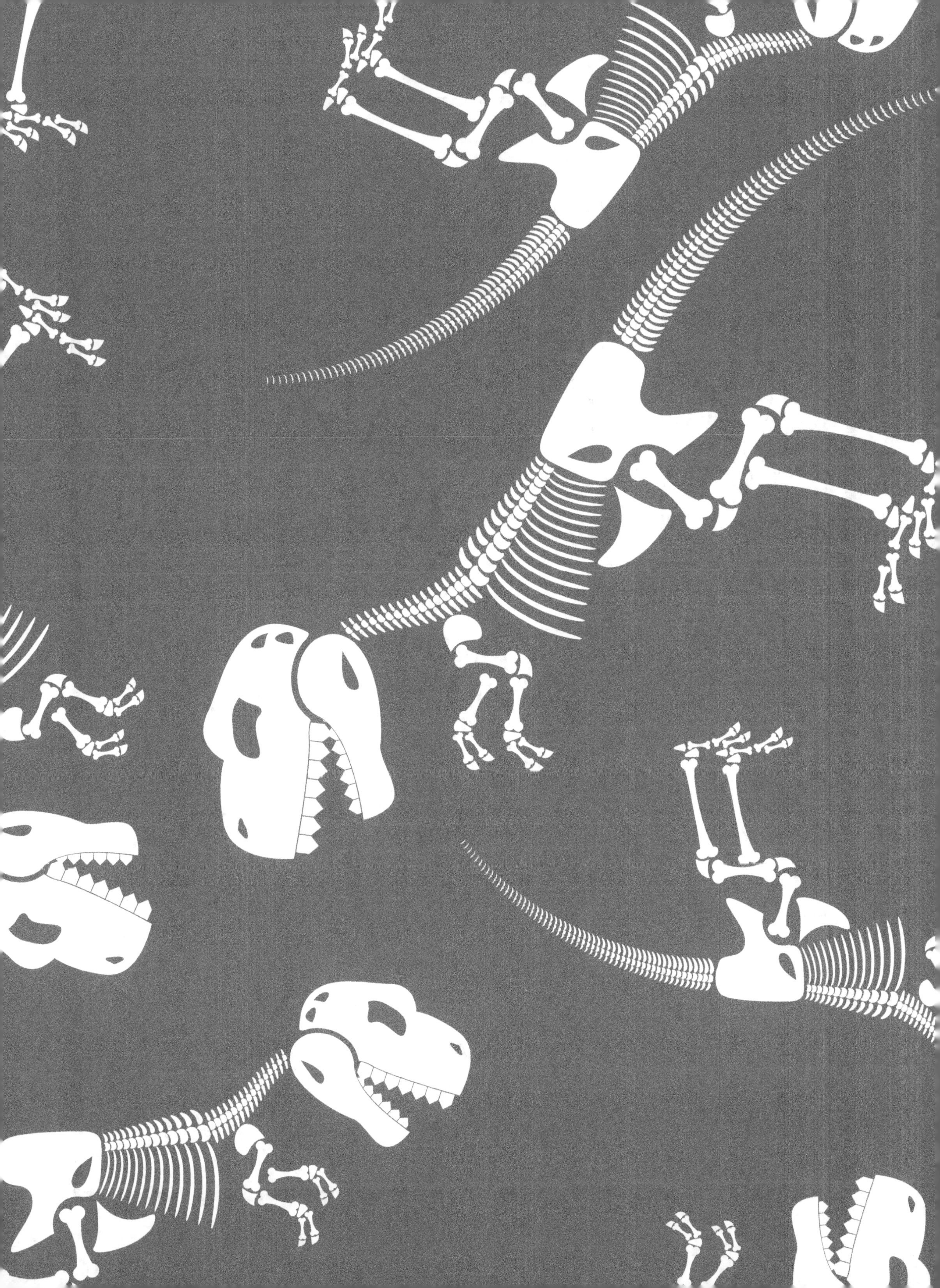

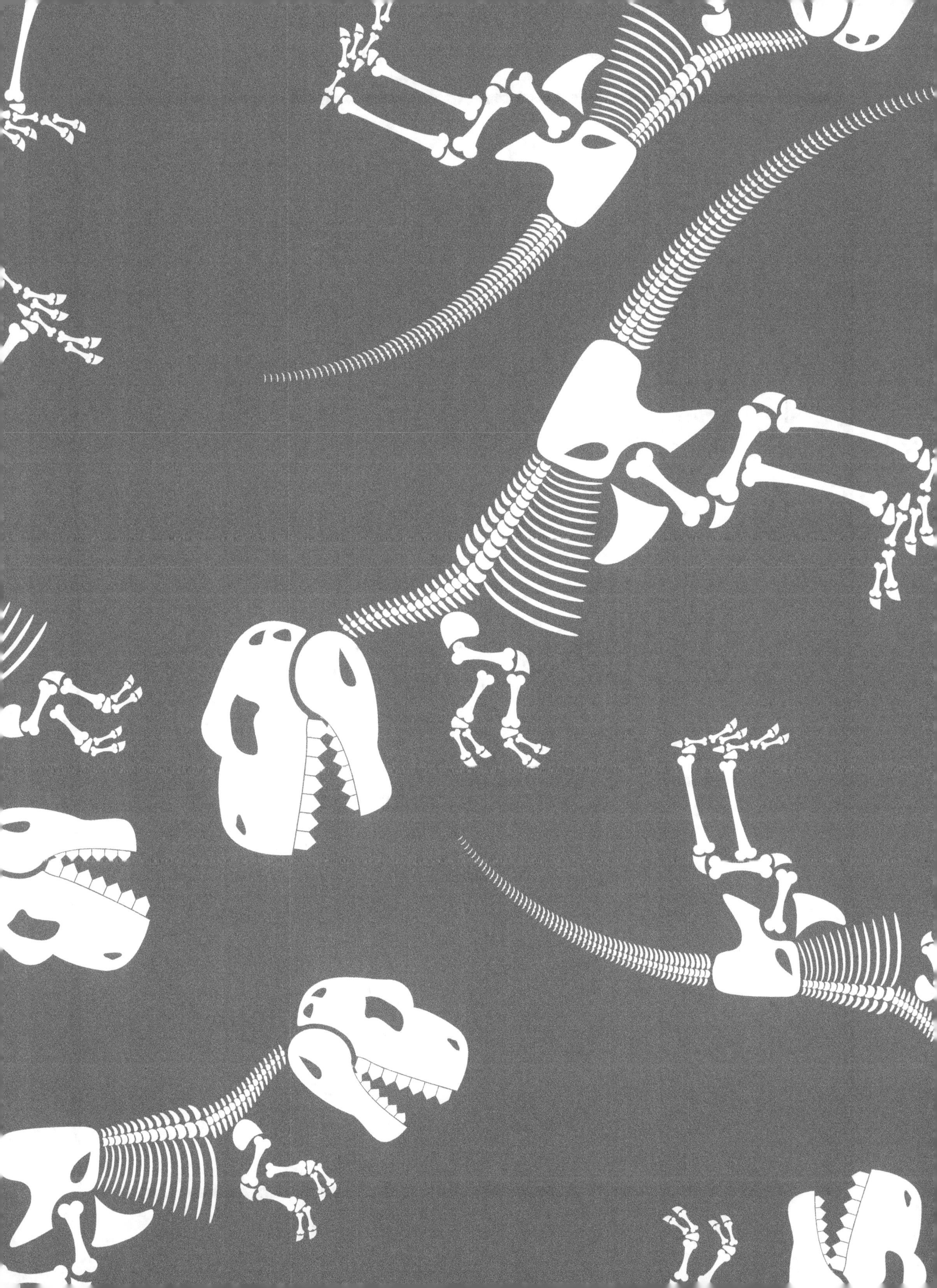

MOMMY!

1
2
3
4
5
6
7
8
9
10
11
12
13
14
15
16
17
18
19
20
21
22
23
24
25
26
27
28
29
30
31
32
33
34
35

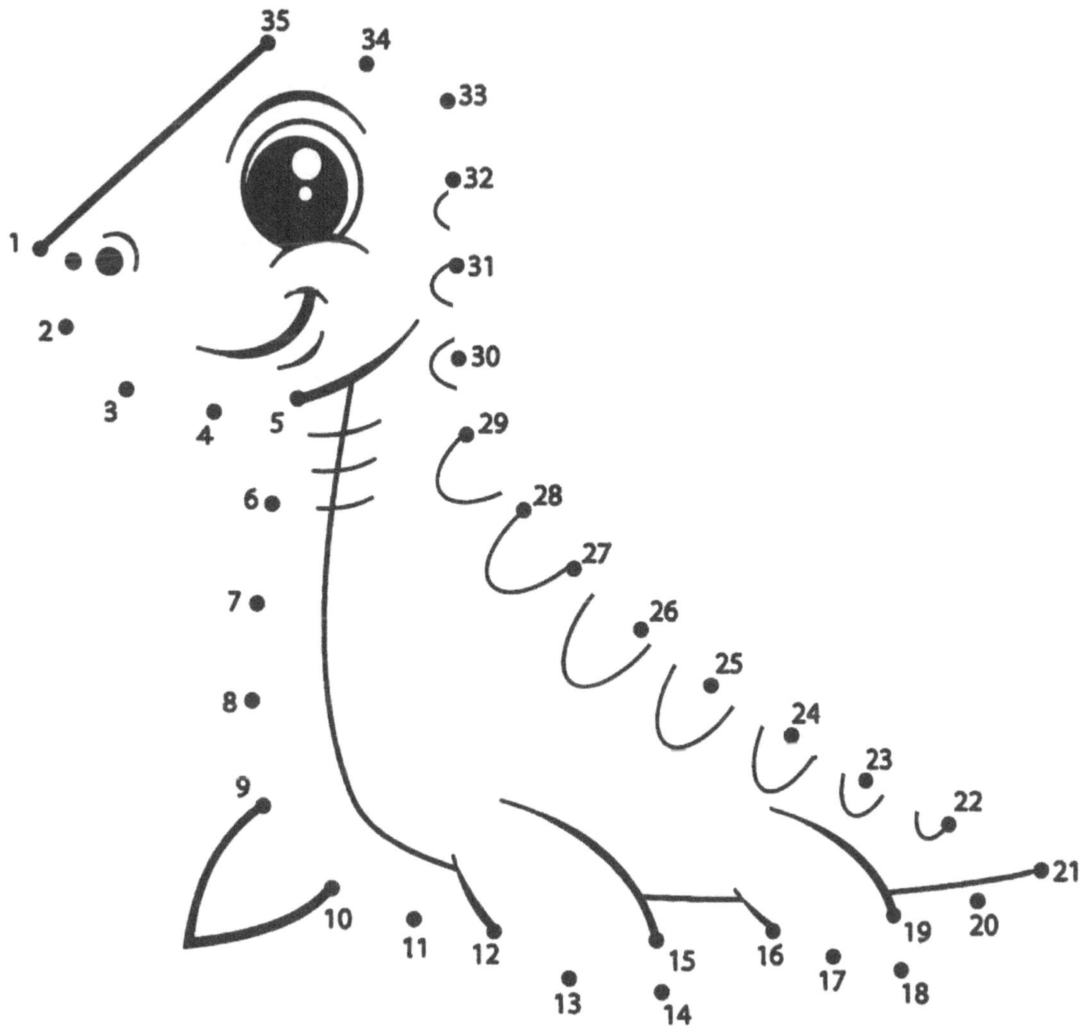
1
2
3
4
5
6
7
8
9
10
11
12
13
14
15
16
17
18
19
20
21
22
23
24
25
26
27
28
29
30
31
32
33
34
35

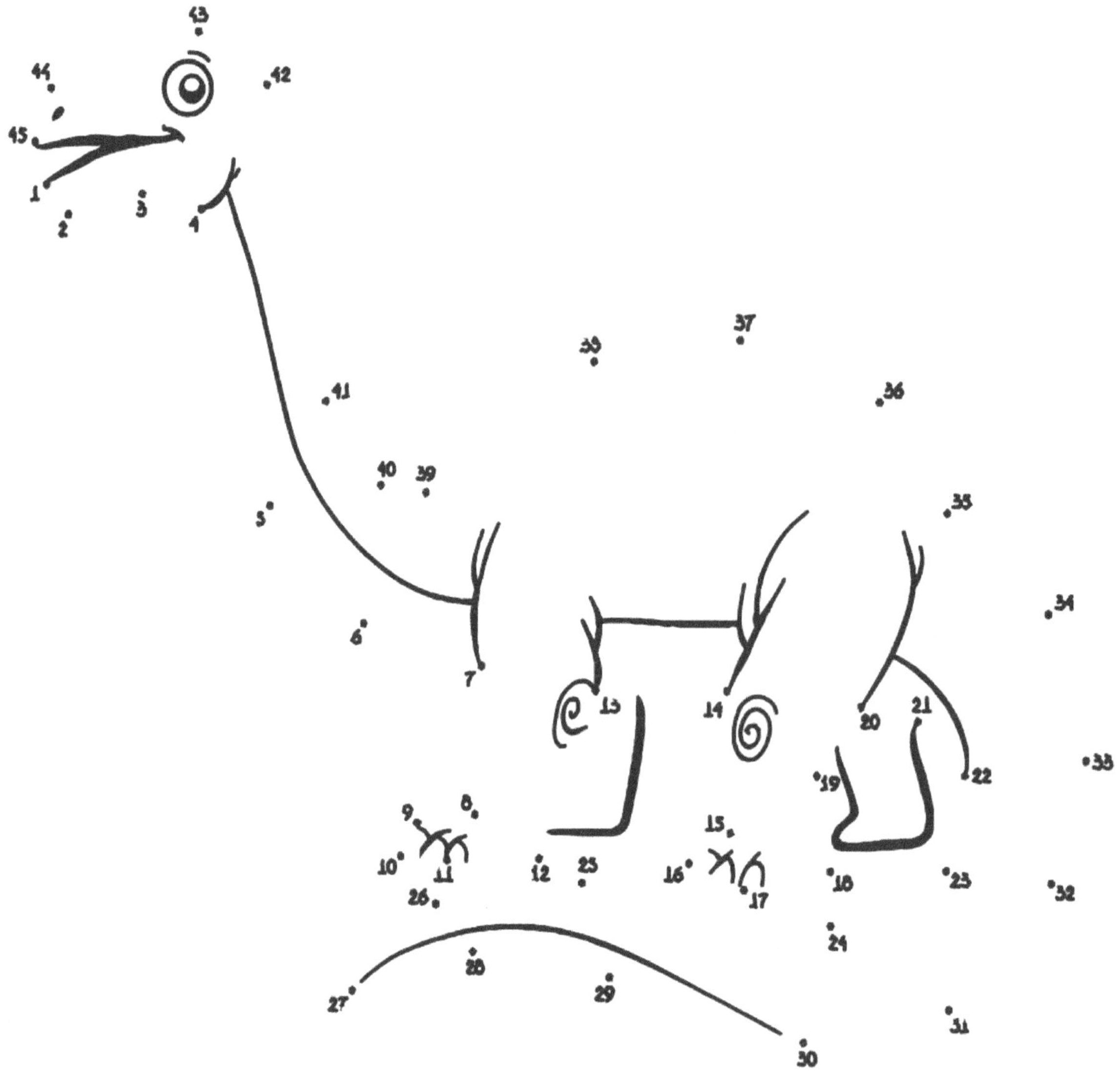

1
2
3
4
5
6
7
8
9
10
11
12
13
14
15
16
17
18
19
20
21
22
23
24
25
26
27
28
29
30
31
32
33
34
35
36
37
38
39
40
41
42
43
44
45
46
47
48
49
50
51
52
53
54
55
56
57
58
59
60
61
62
63
64
65
66
67
68
69
70
71
72
73
74
75
76
77
78
79
80

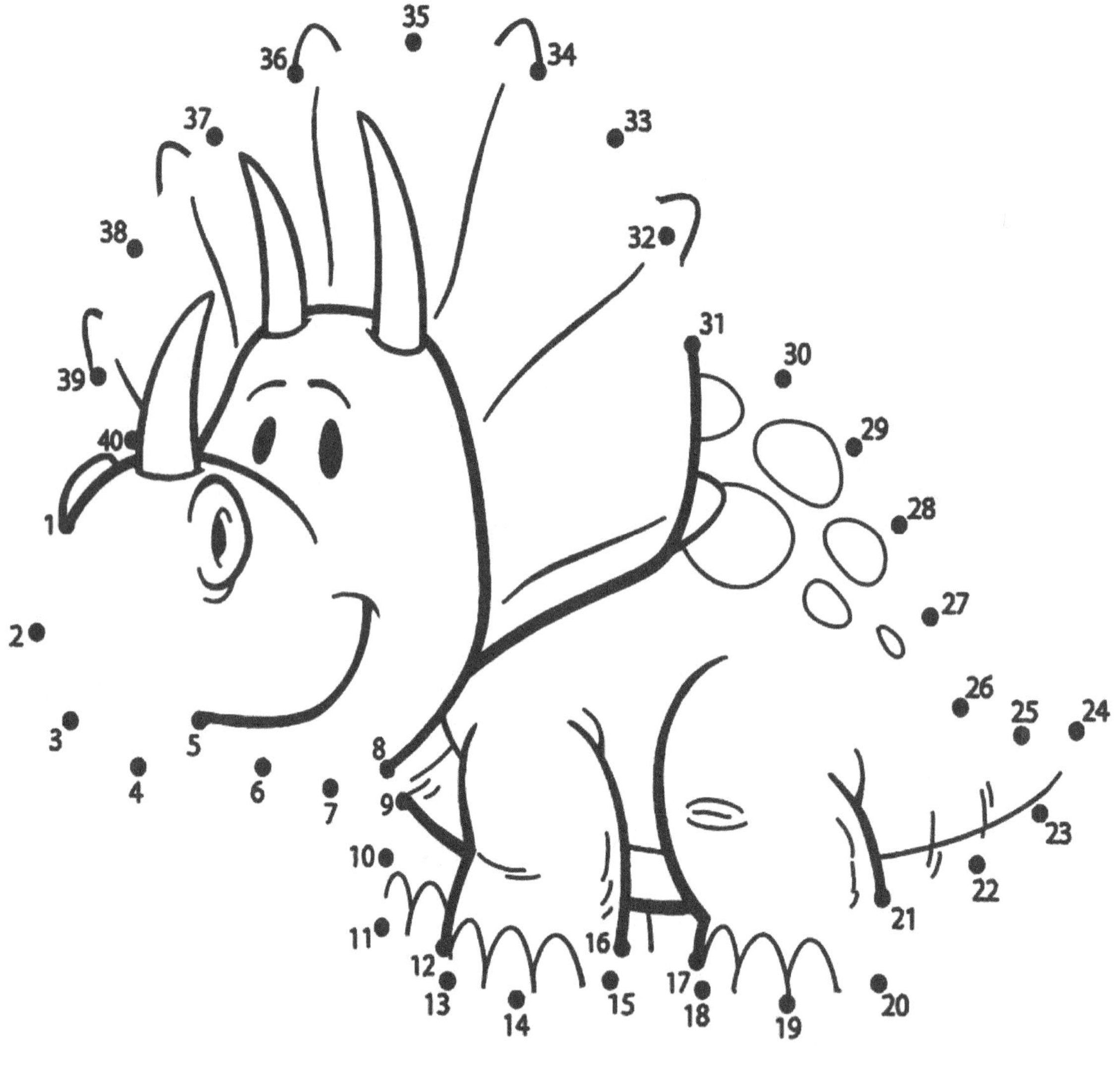
1
2
3
4
5
6
7
8
9
10
11
12
13
14
15
16
17
18
19
20
21
22
23
24
25
26
27
28
29
30
31
32
33
34
35
36
37
38
39
40

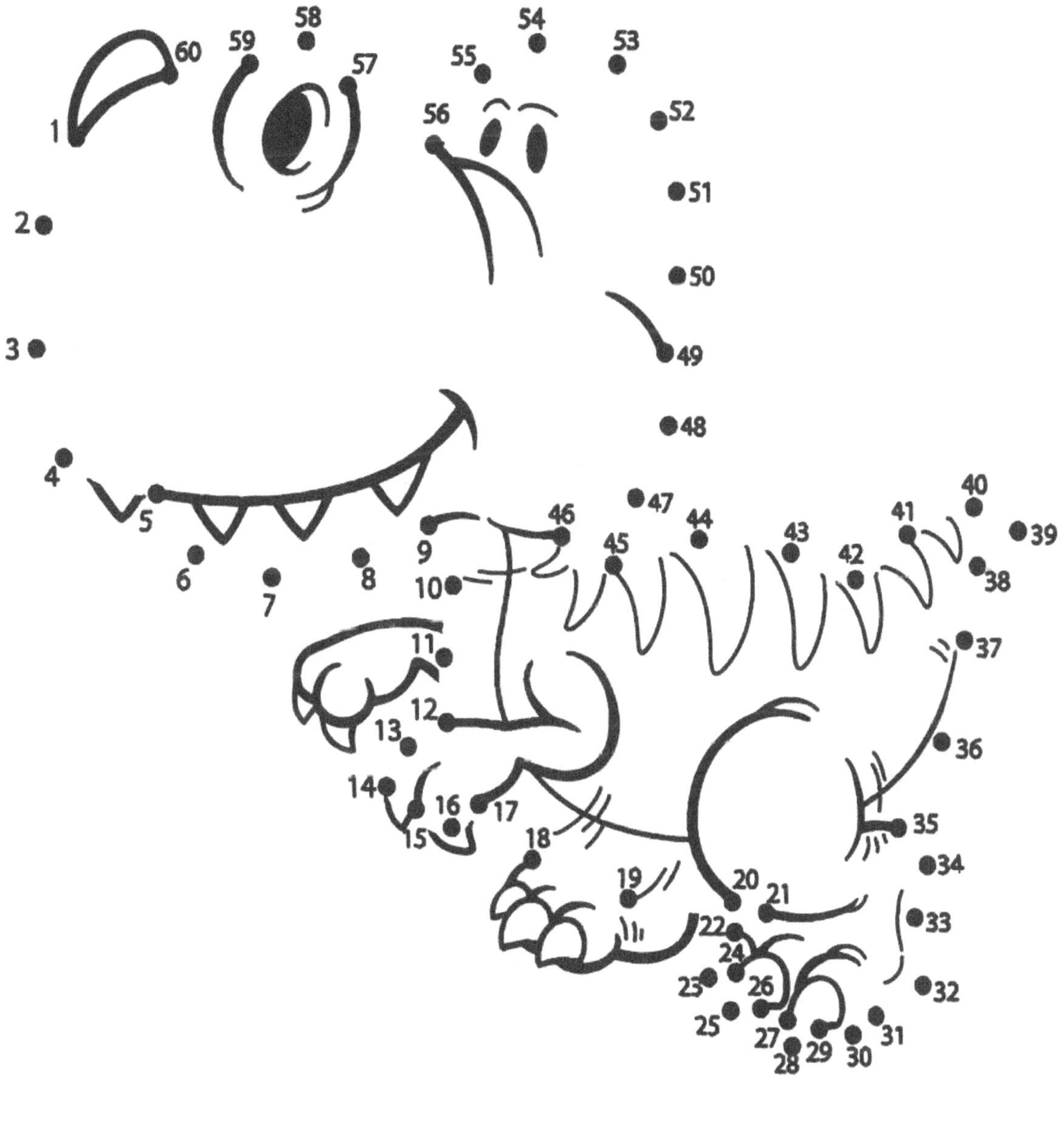

1
2
3
4
5
6
7
8
9
10
11
12
13
14
15
16
17
18
19
20
21
22
23
24
25
26
27
28
29
30
31
32
33
34
35
36
37
38
39
40
41
42
43
44
45
46
47
48
49
50
51
52
53
54
55
56
57
58
59
60

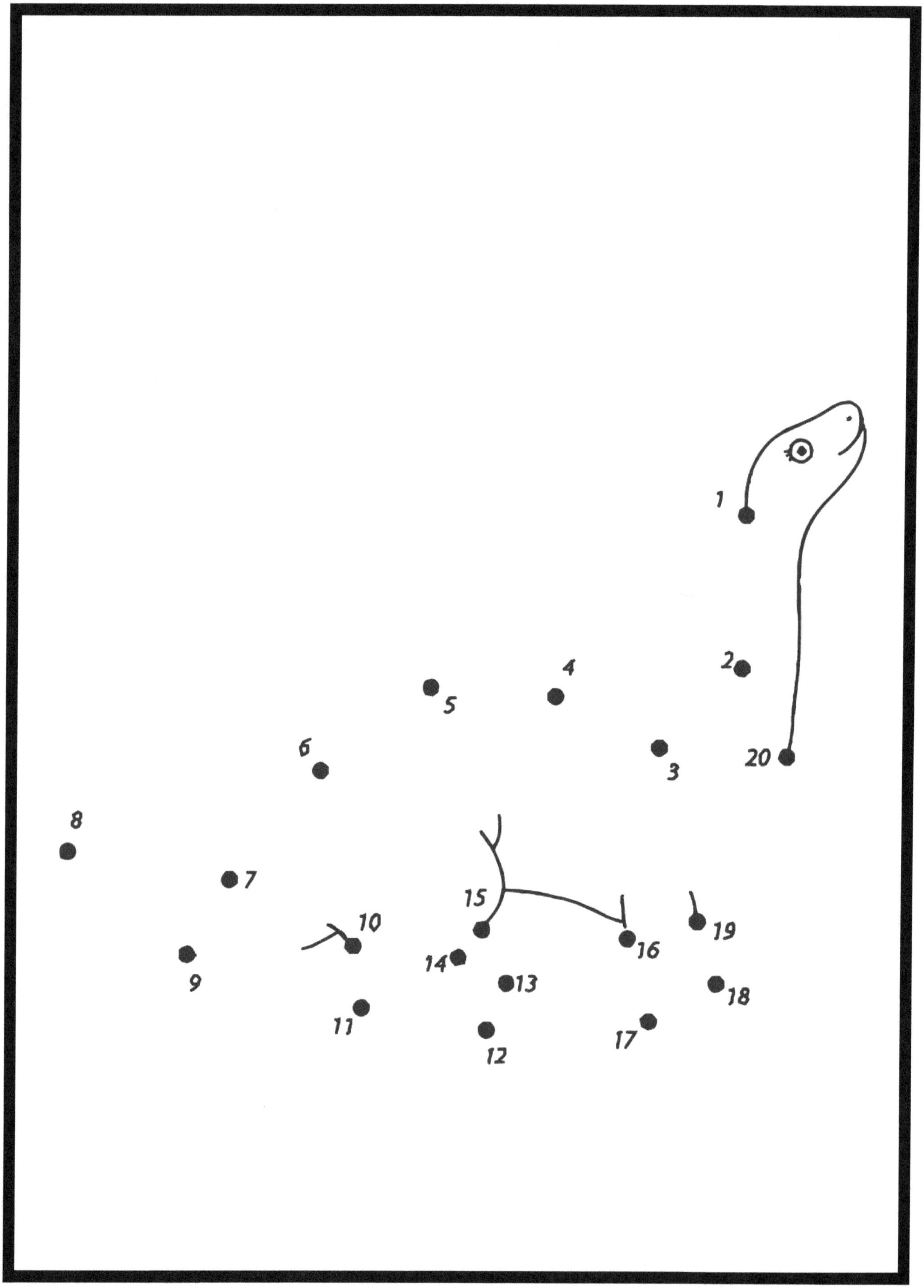
1
2
3
4
5
6
7
8
9
10
11
12
13
14
15
16
17
18
19
20

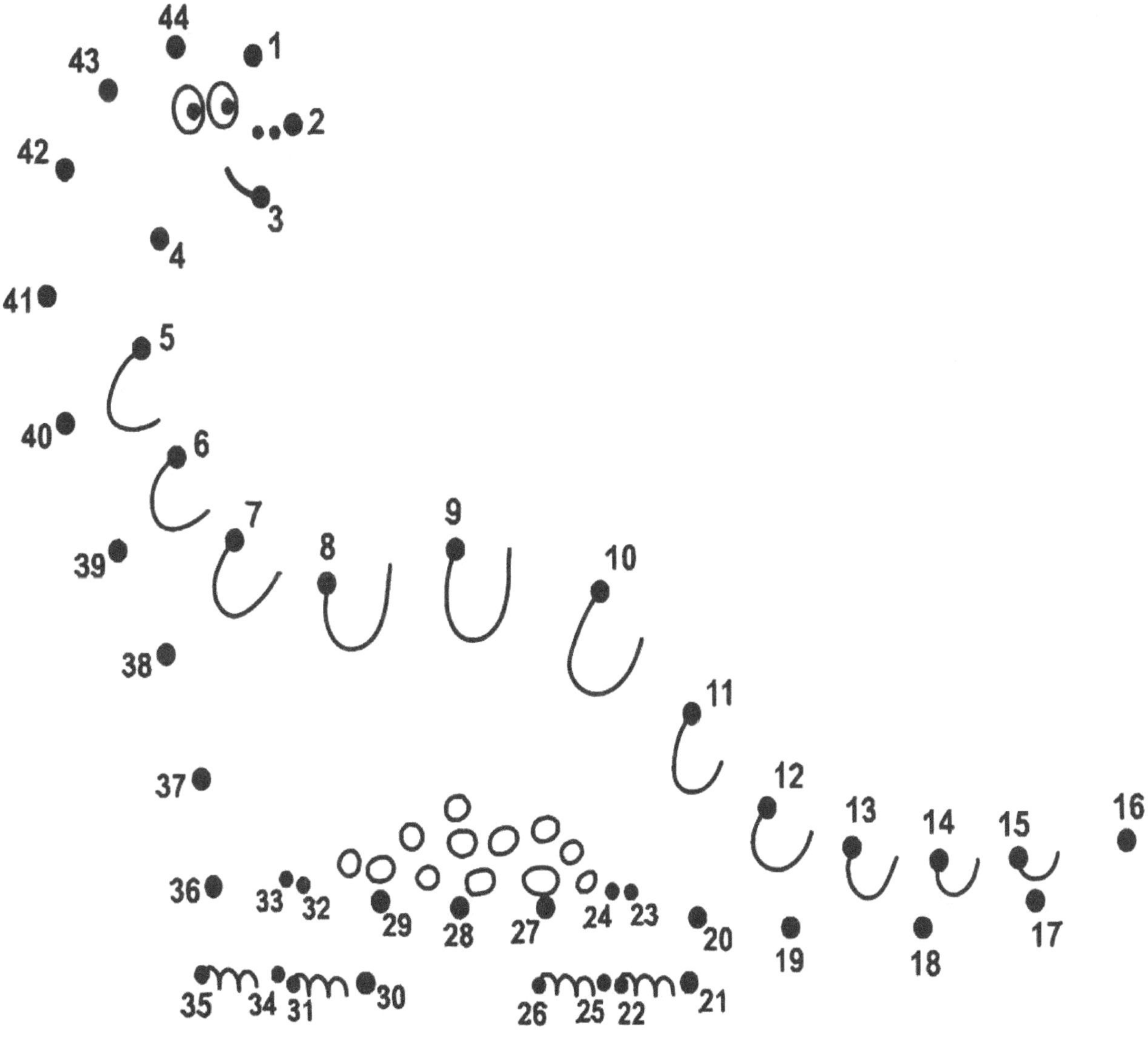
1
2
3
4
5
6
7
8
9
10
11
12
13
14
15
16
17
18
19
20
21
22
23
24
25
26
27
28
29
30
31
32
33
34
35
36
37
38
39
40
41
42
43
44

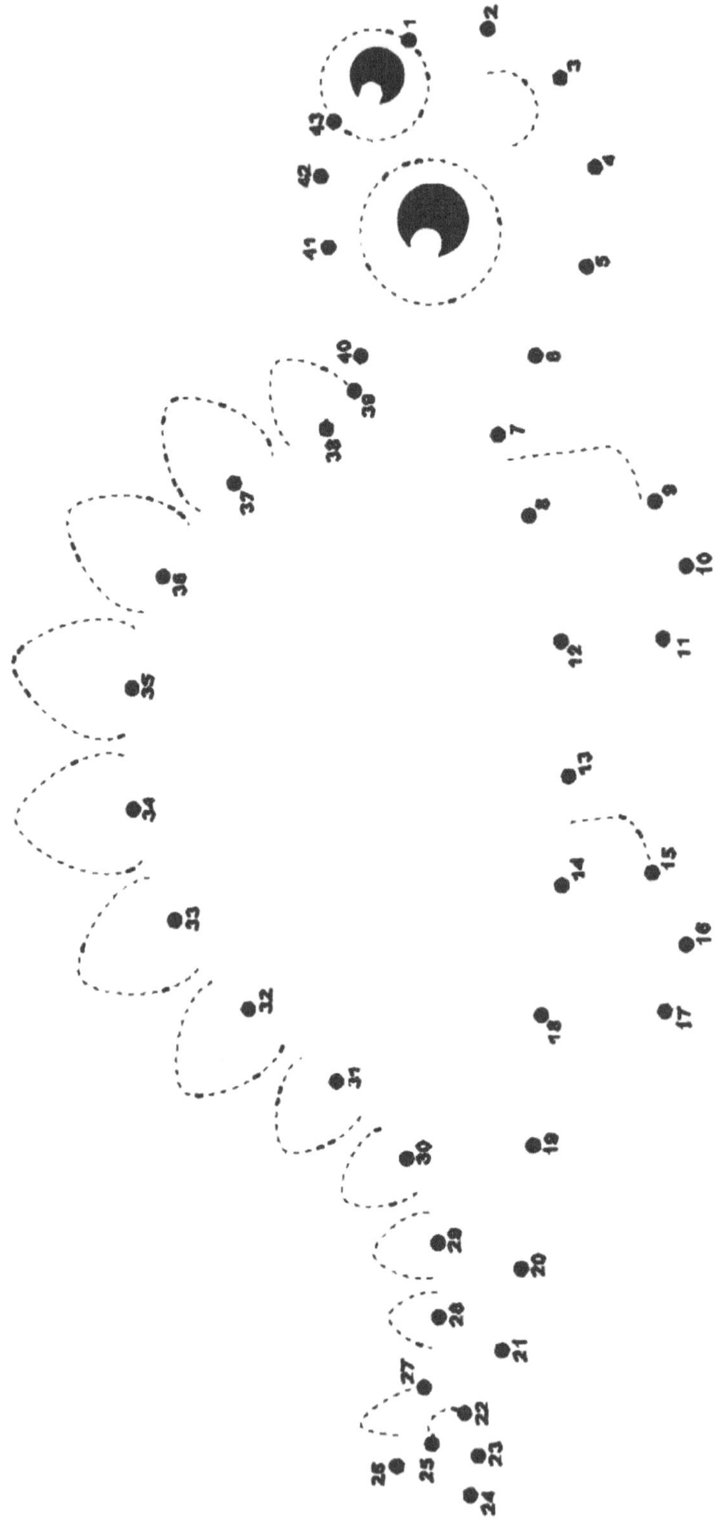

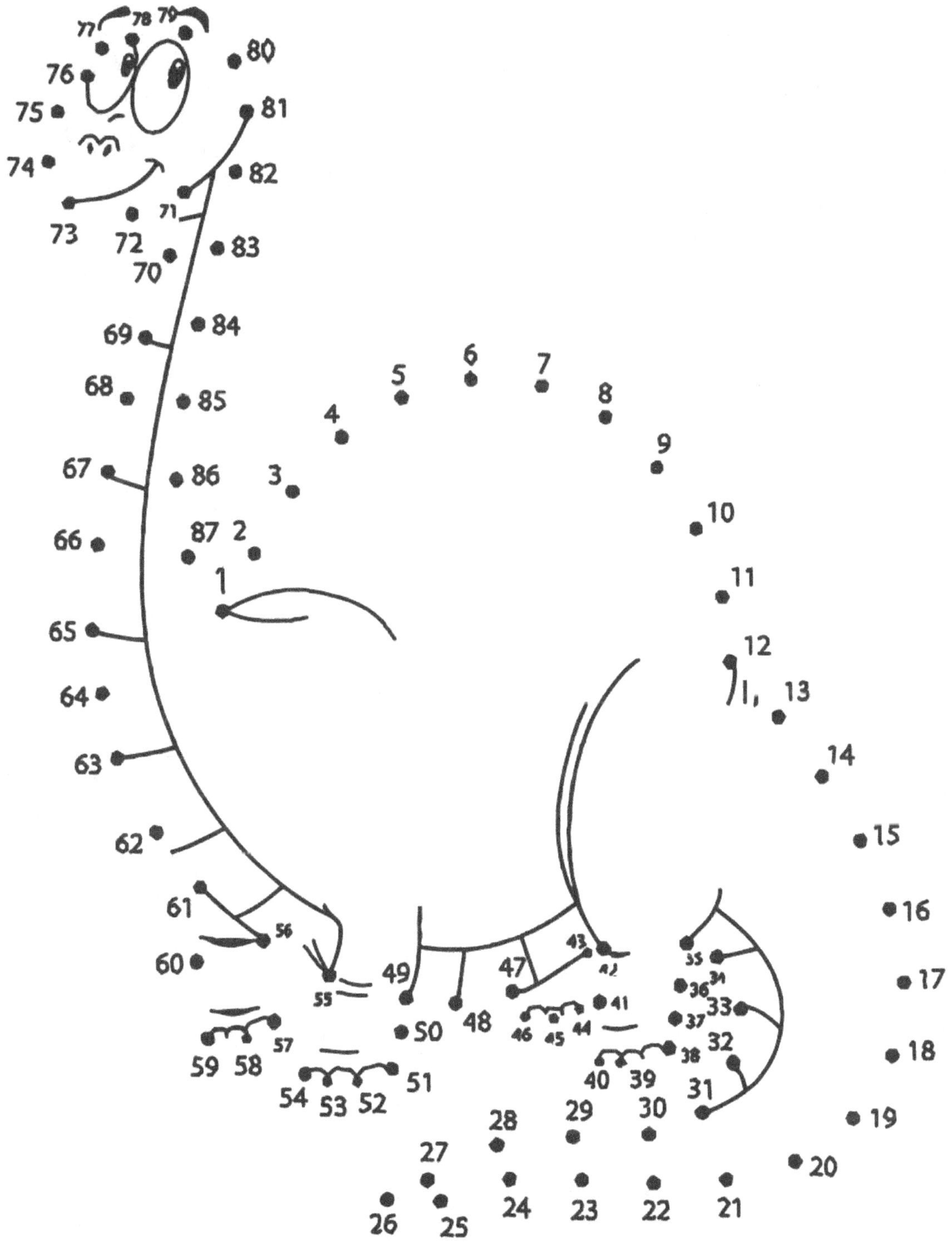
1 2 3 4 5 6 7 8 9 10 11 12 13 14 15 16 17 18 19 20 21 22 23 24 25 26 27 28 29 30 31 32 33 34 35 36 37 38 39 40 41 42 43 44 45 46 47 48 49 50 51 52 53 54 55 56 57 58 59 60 61 62 63 64 65 66 67 68 69 70 71 72 73 74 75 76 77 78 79 80 81 82 83 84 85 86 87

Trova le 5 differenze

Trova le 10 differenze

Trova le 10 differenze

Trova le 10 differenze

Trova le 10 differenze

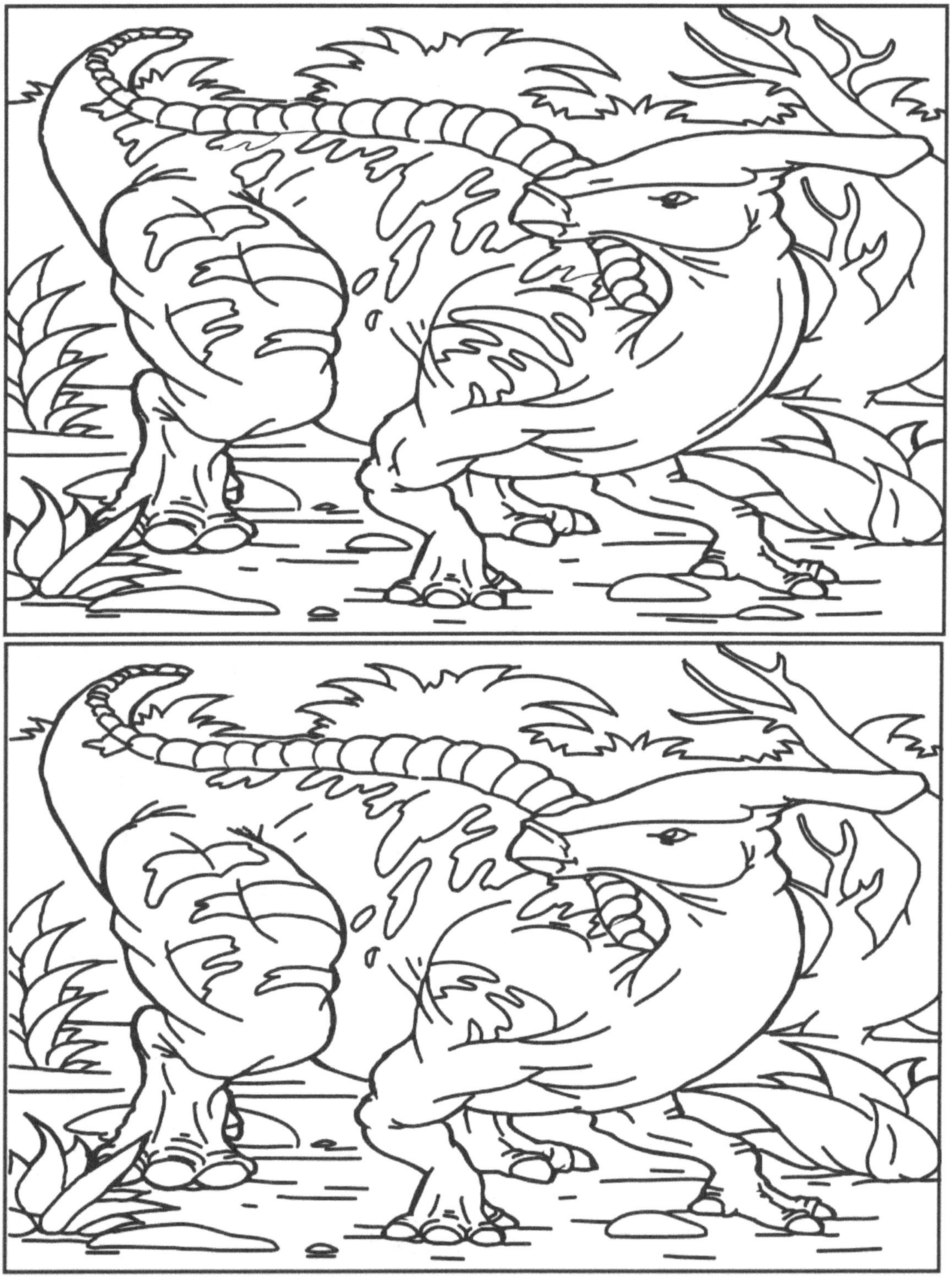

Trova le 10 differenze

VOLETE DEI PICCOLI REGALI?
CRITICHE DA FARE?
INVIACI UN'E-MAIL:
carnetsmignonedition@gmail.com

Les Carnets Mignon

carnetsmignon_edition

GRAZIE PER AVER ACQUISTATO IL NOSTRO LIBRO!

Se vi piace questo libro, apprezzeremmo la vostra opinione su Amazon.

Per farlo, vai alla pagina Amazon di questo libro e clicca su "Scrivi la mia recensione".

GRAZIE MILLE!

www.ingramcontent.com/pod-product-compliance
Lightning Source LLC
Chambersburg PA
CBHW081146160726
47997CB00020B/2804
9798588098397